Ch. HANRIOT.

# Mgr DUPANLOUP

ET

# L'ENSEIGNEMENT SECONDAIRE

*Stultum est difficiles habere nugas.*



TROYES
IMPRIMERIE ET LITHOGRAPHIE E. CAFFÉ
Rue du Temple, 27 et 29.

1873

# Mgr DUPANLOUP

ET

# L'ENSEIGNEMENT SECONDAIRE

TROYES

IMPRIMERIE ET LITHOGRAPHIE E. CAFFÉ

Rue du Temple, 27 et 29.

—

1873

# M^gr DUPANLOUP

ET

# L'ENSEIGNEMENT SECONDAIRE

---

## I.

Un jeune et sage administrateur de province entretenait dernièrement M. le Ministre de l'Instruction publique des réformes annoncées par sa célèbre circulaire du 27 Septembre, et l'en félicitait. — Oui, dit le Ministre, je tiens beaucoup à ces réformes, mais avez-vous lu Platon ? — Je ne suis pas helléniste à ce point, Monsieur le Ministre, bien que, comme tout le monde, j'aie appris le grec au collége. — Hé bien ! lisez-le au moins en français ; lisez le Timée (1). Il y a là un peintre qui vient de faire un tableau : il y a mis tous ses soins, tout son art, toute son âme; et son œuvre, exposée en public au Pœcile d'Athènes, reçoit les éloges des « nobles fils d'Erechthée. » Pourtant il n'est pas satisfait : ce tableau, qu'il a peint, il voudrait le voir s'animer, il voudrait y voir courir

---

(1) En vérifiant le texte du Timée *(page 197, t. II, édit. Didot)*, je trouve que le Ministre, si ce n'est le Préfet, a un peu enguirlandé la citation ; néanmoins le fonds est exact. C. H.

l'onde du ruisseau, s'agiter au vent les feuilles des grands arbres touffus, bondir les troupeaux dans la prairie, et les légers nuages flotter au sein du céleste azur. "Je suis comme ce peintre, mon cher préfet; j'ai fait une circulaire, mais je veux la voir vivre et se réaliser. Pour cela, il nous faut, outre le bon vouloir et le dévouement des maîtres, l'aide de tous ceux qui s'intéressent à l'avenir de notre pays. J'y compte, car chacun sent aujourd'hui qu'il est temps de ne plus avoir une éducation du moyen-âge dans une société moderne.

Dans le temps même que M. J. Simon parlait ainsi, Mgr Dupanloup lançait sa lettre du 6 Octobre à ses directeurs de séminaires. Il est rare, au surplus, que le ministre de l'instruction publique en France publie une circulaire sans qu'aussitôt l'évêque d'Orléans publie une contre-circulaire : ce prélat est vraiment un contre-ministre. Il a beau être malade, retiré dans quelque gîte alpestre, où on le croit occupé à soigner sa santé, et à méditer chrétiennement sur les fins dernières; dès que le grand-maître de l'Université parle, il s'élance dans l'arène, brandit sa plume et engage la lutte.

Ne laissera-t-on donc jamais l'Université se gouverner elle-même et vaquer paisiblement à sa pénible autant qu'honorable tâche? Sous Louis-Philippe c'était le prétendu monopole, c'était l'enseignement de la philosophie que l'on attaquait.

Que de brochures, que de mandements, que de gros livres, que de discours contre cet affreux monopole, contre ce pervers enseignement! L'honorable M. Villemain, notre ministre d'alors, faillit en perdre la tête. Une révolution vint à propos en aide à nos adversaires: le soi-disant monopole fut aboli, l'enseignement de la philosophie fut rayé de nos programmes; on nous permit seulement la logique; un peu plus on nous ramenait au *baralipton*. Nous courbâmes la tête, comme des roseaux que nous sommes ; la liberté d'enseignement exista pour tout le monde, excepté pour nous. Personne n'avait le droit d'aller voir ce qui se fait dans les séminaires, dans les colléges ecclésiastiques, dans les institutions privées ; mais nous étions soumis à toutes les surveillances, à tous les contrôles, à toutes les inquisitions.

Qu'arriva-t-il cependant? C'est que l'opinion publique nous soutint, et que nous prospérâmes quand même. La chute du « monopole » ne pouvait manquer, pensaient quelques âmes charitables, d'entraîner la chute de l'Université : loin de là, le nombre des élèves ne fit que s'accroître. On avait cru que les villes s'empresseraient de jeter leurs colléges dans les bras de nos détracteurs ; la loi les y invitait assez clairement ; quelques-unes seulement s'y décidèrent, et encore la plupart revinrent-elles sur cette décision pour retourner à l'Université. Les départements, les villes chefs-lieux s'imposèrent de lourds sacrifices pour avoir des lycées et pour y fonder des bourses. Pour ce qui est de l'abolition de la philosophie, cette grande réforme, qui avait fait dépenser tant d'encre et de colère, le mépris public en fit justice et elle ne put tenir contre l'évidence de ses funestes résultats. Je ne répondrais pas, quant à moi, que cette abolition déplorable d'un enseignement si nécessaire n'ait été pour quelque chose dans l'affaissement moral de ces derniers temps.

Après nos désastres de 1870, chacun se mit à en chercher les causes. Il y en avait de diverses sortes, mais les imperfections de l'éducation publique parurent une des principales.

Nos soldats ne savaient plus marcher ; nos officiers ne connaissaient pas un mot de géographie réelle ; les langues vivantes étrangères nous étaient inconnues ; la tactique même, qui dépend essentiellement de la géographie, nous faisait défaut. Nous sentîmes que notre niveau avait baissé : les autres grandes nations avaient marché, nous étions restés stationnaires, et par conséquent, nous avions reculé. On comprit que, dans une pareille situation, la première chose à faire était de préparer pour l'avenir des générations fortes, sérieuses, capables de relever bientôt la patrie un instant abaissée. Toutes les voix de l'opinion demandèrent que l'instruction du peuple fût garantie et assurée par les mesures les plus énergiques et que, dans les collèges, on s'occupât un peu plus de former des citoyens, c'est-à-dire «des hommes et non des bacheliers.»

Malheureusement, depuis la fameuse loi de 1850, qui établit en France, sous le nom de liberté, deux enseignements, celui de l'Etat et celui du premier venu, l'unité de direction dans tout ce qui concerne l'éducation publique, est devenue impossible. Chaque chef d'institution scolaire est à lui-même son grand-maître: il est libre.

Dans cette situation, l'Etat n'avait qu'un droit; c'était de réformer ses propres établissements, d'y introduire les améliorations que réclamait énergiquement l'opinion publique, éclairée par nos malheurs.

Un ministre patriote se mit à l'œuvre. Guidé par les sages inspirations du Président de la République, docile aux vœux des Conseils Généraux de la majorité des départements, il proposa une loi qui rendait l'Instruction primaire obligatoire, et qui, en la fortifiant, en la rendant plus sérieusement efficace, la plaçait sous la protection et le patronage des citoyens notables, des pères de famille les plus éclairés. L'Instruction secondaire fut aussi l'objet de sa sollicitude. La jeunesse de nos Lycées dut apprendre à parler au moins une langue vivante; elle eut à faire une étude sérieuse de la géographie moderne; on lui prescrivit les exercices variés de la gymnastique, et d'habiles Médecins se chargèrent de l'initier par leurs utiles leçons aux principes les plus essentiels de l'hygiène publique et privée.

Mais il fallait du temps pour toutes ces nouvelles occupations scolaires de nos jeunes lycéens, déjà auparavant fort surchargés. Comme on n'a pas encore trouvé le secret de faire que la journée ait plus de 24 heures, il parut nécessaire de chercher dans la simplification des méthodes, dans une répartition plus attentive des objets d'enseignement, les moyens de tout concilier. On pensa que, s'il était convenable d'étudier les langues vivantes en vue de les parler, il n'en était pas de même des langues mortes, et qu'il s'agit plutôt de savoir lire et goûter Virgile, Cicéron, Tite-Live, Homère, que d'apprendre à parler ou à écrire dans leur langue. Cette vérité si simple devint le principe des réformes à introduire, et le chef de l'Université écrivit dans ce sens aux Proviseurs des Lycées, en les invitant à s'entendre avec leurs Professeurs sur les applications de détail (*Circulaire du* 27 *Septembre* 1872).

Mais Mgr Dupanloup est un maître vigilant. A peine la Circulaire avait-elle eu le temps d'arriver à La Combe, qu'il y riposta par une injonction à ses Proviseurs à lui, les Supérieurs de ses Séminaires, d'avoir à ne pas se conformer aux invitations de M. J. Simon. Il est vrai que ces invitations ne s'adressaient nullement auxdits Supérieurs, le Ministre ayant eu soin de ne s'adresser qu'aux seuls fonctionnaires de l'Université. Qu'importe au fougueux Prélat? C'est la guerre qu'il veut, et tout prétexte est bon. On le laisse prescrire à son aise des vers latins et des thèmes grecs ou d'interminables récitations de grammaire dans ses maisons d'éducation : il n'entend pas qu'on le défende dans les établissements de l'Etat! Il est libre d'enseigner suivant telle méthode qui lui convient; et il trouve mauvais que l'Université ait d'autres méthodes que les siennes! C'est toujours la liberté, comme l'entendent quelques-uns, liberté pour eux et assujettissement d'autrui à leurs idées.

## II.

Vous invoquez toujours, Monseigneur, les usages d'autrefois et l'ancien système d'enseignement, celui, dites-vous, « qui a donné à l'Eglise et à la » France, Bossuet, Fénelon, Bourdaloue, Massillon » et tout le XVIIe siècle. » Sans doute ces grands génies, Bossuet surtout, et après lui Bourdaloue, sont dignes de toute admiration; gardons-nous toutefois d'attribuer leur mérite à un système quelconque d'enseignement : ce n'est ni le vers latin ni le thème grec qui ont fait Bossuet. Ce grand homme lui-même n'a-t-il pas revendiqué les droits de la langue française contre la manie pédantesque du grec et du latin ?

» Quoi donc! dit-il, la langue française ne de« vait-elle jamais espérer de produire des écrits qui « pussent plaire à nos descendants; et pour méditer « des ouvrages immortels, fallait-il toujours em« prunter le langage de Rome ou d'Athènes? Qui « ne voit qu'il fallait plutôt, pour la gloire de la Na« tion, former la langue française, afin qu'on vît « prendre à nos discours un tour plus libre et plus « vif, dans une phrase qui nous fût plus naturelle; « et qu'affranchis de la sujétion d'être toujours de « faibles copies, nous pussions enfin aspirer à la « gloire et à la beauté des originaux. » *(Bossuet, Disc. de réception prononcé le* 8 *Juin* 1671).

Il me semble, Monseigneur, que ces graves paroles pourraient être annexées à la circulaire de son Excellence M. J. Simon, et que le ministre de 1872 se trouve parfaitement d'accord avec le prélat de 1671.

Ce serait une erreur, au surplus, de croire que le système d'enseignement qui se caractérise par la prédominance d'exercices de composition latine et grecque, ait toujours prévalu dans l'ancienne société française. Au XVIe siècle, il est vrai, l'érudition mit le latin à la mode. Ronsard, dont la muse « en français parlait grec et latin, » fut le coryphée de ce système. On sait la peinture que faisait Rabelais des écoliers de son temps. « A quoi passez-vous le temps, demande Pantagruel, vous autres, messieurs étudiants de Paris? » Répondit l'écolier: « Nous transfrétons la Séquane au dilucule et crépuscule; nous déambulons par les compites et quadrivies de l'urbe; nous despumons la verbocination latiale et, comme verisimiles amorabonds, captons la bénivolence de l'omnifuge, omniforme et omnigène sexe féminin; puis cauponisons ez tabernes, et si par forte fortune y a rarité ou pénurie de pécune en nos marsupies, pour l'écot nous dimittons nos codices et vestes oppignerées, prestolants les tabellaires à venir des pénates et lares patriotiques, etc. » C'est le temps où Galland, principal du collège de Boncourt, disait qu'il aimerait mieux avoir fait l'ode « Donec gratus eram » que d'être duc de Milan, et où Nicolas Bourbon préférait les psaumes de Buchanan à l'évêché de Paris. Benoît Bordoni changeait son nom en celui de Jules César Scaliger; La Ramée devenait Ramus; Jacques Toussaint, Tussanus (1): on n'était plus rien si l'on n'était pas quelque chose en *us*.

Mais le bon sens de notre nation finit par réagir contre cet engouement. Dès la fin du XVIe siècle, le docte Henri Estienne publia son traité *de la précellence du langage français*. Le grand XVIIe siècle surtout comprit qu'il valait mieux imiter dans notre

(1) C'est sous ce nom que Jacques Toussaint, professeur au collège royal, en 1632, publia son *lexicon græco-latinum*.

langue les beautés des anciens, que s'épuiser dans d'impuissants pastiches. Descartes, quoique savant en latin, osa écrire en français le *discours de la Méthode* (1637). Pascal n'écrivit jamais en latin, et il était peu fort dans cette langue; mais il écrivit les *Provinciales* et les *Pensées*. Molière, assez bon écrivain aussi, n'alla au collége qu'à 14 ans, et n'eut guère le temps de s'y adonner au thème grec et au vers latin ; mais on sut lui faire aimer les auteurs anciens, que plus tard il imita en les surpassant. La Fontaine, ce rival de Molière dans la peinture du cœur humain, ne connut non plus que très-tard les auteurs de l'antiquité, et sans avoir jamais fait de narrations latines, il n'en devint pas moins un conteur inimitable.

Cependant la manie latinisante et la scholastique, sa sœur, s'étaient réfugiées dans le barreau, dans la chaire, dans l'enseignement de la Faculté. Le bon sens les y poursuivit sans relâche. *L'arrêt burlesque* de Boileau, le plaidoyer de l'Intimé dans les *Plaideurs* de Racine (III. 3), le Sganarelle de Molière (*Médecin malgré lui*, II, 6) son Pourceaugnac (I, 7 et 11), son maître de philosophie (*Bourgeois Gentilhomme* II, 6), son Diafoirus (*Malade imaginaire*, II, 6 et 7) ; sans compter *Vadius et Trissotin* (*Femmes savantes*, III, 5 et IV, 3) qui après avoir « employé cinq ou six mille veilles à se bien bar-« bouiller de grec et de latin » se traitent mutuellement de bélîtres, de cuistres, et se défient « en « vers, prose, grec et latin; » — tous ces traits et bien d'autres, marquent la guerre que l'on faisait alors à la fausse éducation léguée par l'âge précédent. « Vous avez beau raisonner, dit Toinette à Angélique, Monsieur est frais émoulu du collége, et il vous donnera toujours votre reste. »

Fénelon pense, sur ce point, comme Molière: il n'y a guère de différence entre son prédicateur qui, le jour des Cendres, trouve moyen d'intercaler dans un sermon l'histoire d'Artémise, et le jeune Diafoirus insérant la statue de Memnon dans un compliment à sa future.

La Bruyère n'est pas moins explicite. « L'on n'écrit régulièrement, dit-il (en 1680) que depuis vingt années : l'on a secoué le joug du latinisme et réduit le style à la phrase purement française » (*Des ouvrages de l'esprit*, § 84). Le portrait qu'il trace des gens qui s'attachent trop exclusivement à l'antiquité semble une page de quelque spirituel publiciste de nos jours : « Hermagoras ne sait pas qui est roi de Hongrie ; il s'étonne de n'entendre faire aucune mention du roi de Bohême ; ne lui parlez pas des guerres de Flandre et de Hollande ; mais interrogez-le sur la guerre des géants, il en raconte le progrès et les moindres détails, rien ne lui est échappé. Il débrouille de même l'horrible chaos des deux empires, le Babylonien et l'Assyrien ; il connaît à fond les Egyptiens et leurs dynasties. Dirai-je qu'il croit Henri IV fils de Henri III ? Il néglige du moins de rien connaître aux maisons de France, d'Autriche, de Bavière. Quelles minuties, dit-il, pendant qu'il récite de mémoire toute une liste des rois des Mèdes ou de Babylone, et que les noms d'Osymandias, de Mardocentès, de Téglath-Phalasar lui sont aussi familiers qu'à nous ceux de Valois et de Bourbon » (*De la société* § 79). Ce qui importe, dit-il ailleurs (*Des Jugements* § 25), ce n'est pas qu'un auteur soit ancien ou moderne, c'est qu'il soit bon.

En s'exprimant ainsi, ce judicieux critique ne faisait que résumer l'opinion des personnes éclairées de son temps, sur la fameuse *Querelle des anciens et des modernes*, querelle soulevée par Charles Perrault, et qui mit en émoi toute la république des lettres. On voit que le débat dont nous avons marqué les phases successives, s'était singulièrement agrandi. Il ne s'agissait plus de savoir si l'on devait secouer le joug de la langue latine et s'affranchir d'une idolâtrie superstitieuse pour tout ce qui nous venait de l'antiquité ; le temps des Ronsard, des Ramus, des écoliers «tranfrétant la Séquane,» ce temps était loin. Grâce à la sève vigoureuse de son génie, notre nation, débarrassée des langes de la latinité, s'était fait une langue et une littérature originales. Bien différente en cela de ses sœurs de race, l'Italie et l'Espagne, qui, restées latines et n'ayant pour langue qu'une sorte de patois latin, n'ont jamais pu se constituer dans un état de vitalité durable. On peut donc dire que si, en France, le XVI^e^ siècle était latin, le XVII^e^ était vraiment français. Perrault sembla d'abord un novateur téméraire, quand il soutint, dans son *Parallèle*, que les modernes valaient bien les anciens. Pourtant Boileau même, après une lutte vive, finit par avouer que, au fond, c'était aussi son sentiment : « Je ne sais, lui écrit-il, si j'ai bien pris votre « pensée, mais la voici, ce me semble. Votre dessein « est de montrer que, pour la connaissance surtout « des beaux-arts et pour le mérite des belles-lettres, « notre siècle est, non-seulement comparable, mais « supérieur à tous les fameux siècles de l'antiquité, « et même au siècle d'Auguste. Vous allez donc être « bien étonné quand je vous dirai que je suis sur cela « entièrement de votre avis, et que même, si mes « infirmités et mes emplois m'en laissaient le loisir, « je m'offrirais volontiers de prouver, comme vous, « cette proposition, la plume à la main. » *(Lettre à M. Perrault de l'Académie française.)*

Faut-il invoquer aussi le témoignage de Racine? Il déclare, dans un discours à l'Académie, (2 Janvier 1685) que Corneille est « comparable, je ne dis pas à « tout ce que l'ancienne Rome a eu d'excellents poè- « tes tragiques, puisqu'elle confesse elle-même qu'en « ce genre elle n'a pas été fort heureuse, mais aux « Eschyle, aux Sophocle, aux Euripide, dont s'ho- « norait la fameuse Athènes.»

Ne croyons pas, au surplus, que l'éducation qui avait formé ces grands hommes, fût aussi étroite que certains docteurs voudraient aujourd'hui nous le persuader. Racine avait étudié les langues anciennes, mais il possédait aussi les langues vivantes, notamment l'espagnol et l'italien, qui étaient alors les plus usitées (v. sa lettre à La Font, 11 Novembre 1661). Corneille a puisé beaucoup dans l'espagnol. A Port-Royal, école si renommée, on apprenait les langues étrangères, ainsi que les anciennes: Lancelot y composa ses excellentes Méthodes grecque, latine, italienne et espagnole; on osa même y traduire en français les livres saints (*Bible de Saci,* 1667-72). L'imitation de J.-C. fut aussi mise en langue vulgaire, et on s'occupa de translater en français les principaux auteurs de l'antiquité. On avait fait du chemin depuis l'époque où Jacques Dubois donnait, en latin (1531) et en un volume in-4°, les règles de la grammaire française.

Les principes d'éducation et le régime des collèges, se mettaient en harmonie avec les progrès de l'esprit national. Il n'était plus défendu aux écoliers et aux maîtres de parler une autre langue que la langue latine, comme l'avaient prescrit les arrêts du parlement du 13 août 1575 et du 20 septembre 1577, arrêts confirmés par l'édit de Blois, 1579.

Rollin, chassé de ses emplois par les intrigues des Jésuites, consacrait les doctes loisirs de sa retraite à écrire en français son *Traité des Etudes* et son *Histoire ancienne.* Il ne le fait, à la vérité, qu'en s'excusant dans sa préface, d'aborder une langue qui ne lui est pas aussi familière que le latin; mais d'Aguesseau (lettre du 6 Mars 1726) le félicite de son entreprise : « Vous parlez le français, lui dit-il, comme si c'était votre langue naturelle. » Singulier compliment, qui prouve à la fois et le ridicule de l'ancien système de latinité à outrance, et la nécessité de la réforme dont d'Aguesseau fut, au reste, l'un des plus fermes soutiens. Il faut voir le programme des classes du Collége de Narbonne, à Paris, en 1599, pour comprendre tout ce qu'il y avait d'étroit dans l'ancien système d'éducation. Ce programme, le voici : *En sixième, les élèves doivent apprendre les genres et les déclinaisons des noms;*

*En cinquième, les prétérits et les supins des verbes, et repasser les genres et les déclinaisons;*

*En quatrième, la syntaxe, la quantité, la grammaire grecque, et repasser les prétérits, les supins et les hétéroclites;*

*En troisième, la quantité, les figures, et repasser la syntaxe et la grammaire grecque;*

(Pas de seconde);

*En rhétorique, étude approfondie de la langue grecque, versification, lecture d'auteurs.* (V. Kilian, de l'Instruction second., p. 26).

On conviendra que si le français a fini par se former et par devenir l'un des plus puissants instruments de la pensée humaine, ce ne fut pas la faute des Colléges.

C'est de la coutume de parler latin dans ces établissements, que naquirent les divers exercices (tels que thèmes latins, vers, discours latins), encore pratiqués aujourd'hui, bien que la cause ait disparu. Il faut avouer, toutefois, que l'école de Port-Royal, d'où sortirent tant d'hommes illustres du XVII^e^ siècle, et à laquelle se rattache aussi Rollin, s'efforça de donner une direction plus profitable à l'éducation publique, en la ramenant surtout à l'étude des textes, à la lecture des auteurs. Ces maîtres éminents comprenaient qu'un chant de Virgile bien étudié et bien lu vaut mieux que cinquante exercices de vers latins, et que l'explication d'un bon morceau d'Homère ou de Démosthènes avance plus l'esprit qu'un thème grec. « La lecture des auteurs, dit Lancelot dans sa préface, est le principal but qu'on doit se proposer. » « L'étude des textes, dit La

Bruyère, ne peut jamais être assez recommandée. » *(De quelques usages,* § 80*)*.

Dans les lettres d'éducation, si intéressantes et si instructives, que Racine écrivait à son fils aîné Jean-Baptiste, alors âgé de 13 à 14 ans, il est toujours question des lectures d'auteurs anciens, des extraits et des versions que le père conseille ou prescrit à son fils, jamais des thèmes ou des vers latins. (V. Lettres du 4 Octobre 1692, id. du 5 Octobre, id. du 9; du 3 Juin 1693, du 1er Octobre et du 14 de la même année, etc., ainsi que celle de Boileau à Racine, le 1er Juin 1693). Il lui recommande aussi d'apprendre de mémoire les plus beaux endroits de Cicéron, d'Horace, de Virgile; mais il n'est fait absolument aucune mention d'exercices en langue latine. Il est à noter aussi que l'étude de l'histoire de France paraît à Racine un complément nécessaire de l'éducation : « Je vous demanderai compte à mon retour de vos « lectures, écrit-il à son fils, et surtout de l'histoire « de France, dont je vous demanderai à voir vos « extraits. » (Lettre du 3 Juin 1695).

Le bon, le grand Rollin, à qui il faut toujours en revenir en fait d'éducation, travailla toute sa vie à chasser des Colléges la scholastique et la routine. S'attaquant à des usages consacrés, il ne pouvait manquer de trouver des adversaires : il en trouva dans l'Université même. Gibert, ancien recteur de l'Université de Paris, publia en 1722 une critique virulente du *Traité des Etudes*, qu'il accusa de « renverser les principes les plus communs du bon sens, de la droite raison et de la plus saine rhétorique. » Il faut dire que ce même ancien recteur regardait les Dialogues de Fénélon sur l'Eloquence, comme un ouvrage pitoyable, et tout-à-fait indignes de cet illustre évêque.

Rollin se défendit en invoquant l'autorité de Quintilien ; « Je m'étonne, écrit-il à Gibert, que vous n'ayez pas fait attention à ce que dit Quintilien, que *la lecture de Démosthène et de Cicéron servira beaucoup plus aux jeunes gens que toutes les déclamations corrigées que peuvent donner les maîtres pour servir de modèle aux écoliers.* » (Rollin, tome 29, p. 56, édit. Letronne). Voilà, croyons-nous, quelque chose qui ressemble fort à la condamnation du *discours latin* des Colléges.

C'est, au reste, plutôt dans la correspondance de Rollin que dans son traité des études qu'il convient de chercher le dernier mot de la méthode de ce grand maître et sa pensée tout entière. Il défend un peu timidement la langue française dans son traité, et c'est avec d'infinies précautions qu'il conseille de ne pas faire toujours parler latin aux enfants dans les collèges. (Livre II, ch. III, article III). Sur chaque partie des études il s'assujettit au cadre habituel du programme des classes, et s'efforce seulement d'améliorer la méthode et de vivifier par le sentiment du bien et du beau les exercices usuels des collèges. Mais dans sa correspondance il est presque novateur: il ne craint pas de recommander la langue française ; il ne parle plus de vers latins, mais seulement de lectures et de traductions d'auteurs; il veut qu'on apprenne aux enfants, outre les langues, la physique, les arts, et ce qu'il y a de plus essentiel dans l'astronomie, la botanique, l'anatomie même et l'agriculture. Que dis-je? Rollin, précurseur, sans le savoir, d'un célèbre universitaire de nos jours, va jusqu'à demander que les jeunes filles soient mieux instruites. « Un défaut commun à presque toutes les dames de qualité, c'est qu'elles songent peu à donner une solide éducation à leurs filles. Il ne convient point certainement de vouloir en faire des savantes, ce n'est point à quoi elles sont destinées : mais je ne puis souffrir qu'on les laisse dans une ignorance presque générale de tout ce qui est capable d'orner et d'enrichir l'esprit. » (Lettre du 31 août 1730).

On a eu bien raison de dire que nos méthodes, prétendues nouvelles, se trouvent déjà, au moins en germe, dans les judicieuses réflexions de ce sage instituteur. Nous avons établi un enseignement suivi et réglé de l'histoire, classe par classe : Rollin le demandait (v. Traité VIII, II, 2, 5,). Nous venons d'organiser l'étude sérieuse de la géographie et des cartes ; nous ne cessons de solliciter l'achat de grandes cartes murales, non-seulement pour les colléges, mais encore pour les écoles élémentaires : Rollin pensait aussi que cela est indispensable, et il proposait de faire acheter ces cartes au moyen d'une collecte entre les écoliers ; il avait même inventé ce que nous appelons les *voyages géographiques* ; il voulait surtout que l'enfant apprît la géographie par les yeux, par la réalité, plutôt que par des leçons dogmatiques, et, dans ce dessein, il souhaitait que l'enfant fût parfois invité à lire en famille « quelques pages de la gazette, et à montrer sur la carte les différents lieux dont il est parlé » (v. *ibid.* et Lettre du 23 Mai 1729).

Nous demandons instamment que la grammaire française soit apprise au moyen de règles simples et courtes, bien à la portée des enfants, et que le maître se charge lui-même d'extraire ces règles sommaires des textes ou des livres spéciaux, en ne choisissant que ce qu'il est à propos d'en apprendre aux jeunes gens. Ce vœu est aussi celui de Rollin, à qui je viens d'emprunter ses propres paroles (v. Lettre citée ci-dessus), et il ajoute (je laisse ceci à son compte) que les grammaires françaises sont des livres « souvent remplis d'un grand fatras. » Ainsi quand l'honorable ministre, aujourd'hui gouverneur de la Banque, naguère chef habile et bienveillant de l'Université, disait dans sa circulaire (célèbre aussi) du 20 Août 1857, ces paroles courageuses : « Et s'il est possible, point de grammaire entre les mains des enfants, » il ne faisait que répéter le conseil déjà donné (inutilement, hélas ! il y a deux siècles, comme

2

aujourd'hui), par le vénérable Rollin.

Un des meilleurs exercices que nous ayons introduit dans nos classes, et qui n'y a peut-être pas encore assez pris racine, c'est l'explication textuelle des auteurs français. Cette innovation date de Rollin. « On vient de faire, dit-il, dans un collége (1) l'essai d'un nouvel exercice, dont on a lieu d'espérer des suites avantageuses. Il regarde la langue française. Des passages de Fléchier ont été expliqués, à livre ouvert, par des écoliers, de la même façon que l'on explique un auteur latin, avec des observations, tant sur la langue, les pensées et les expressions que sur ce qui s'y rencontre de plus remarquable pour les principes et la conduite de la vie. Cette interrogation a paru être fort du goût du public, et a fait désirer qu'elle fût mise dans la suite en usage. N'est-il pas raisonnable, en effet, de cultiver avec quelque soin l'étude de notre langue propre et naturelle, pendant que nous donnons tant de temps à celle des langues anciennes et étrangères? » (Traité VIII, II, 2, 231).

*La Bouchée de pain* de Jean Macé et toute l'ingénieuse littérature d'éducation dont ce livre a été le prototype, on en trouve l'idée première dans Rollin. « Rien, écrit-il, n'est plus commun parmi nous que « l'usage du pain et du linge : rien n'est plus rare que « de rencontrer des enfants qui sachent comment « l'un et l'autre se préparent; par combien de façons « et de mains le blé et le chanvre doivent passer a- « vant de devenir du pain et du linge. Il faut en dire « autant des étoffes de laine, qui ne ressemblent « guère à la toison des brebis dont on les forme; « non plus que le papier à ces chiffons de linge que « l'on ramasse dans les rues. Pourquoi ne pas ins- « truire les enfants de ces ouvrages merveilleux de « la nature et de l'art, dont ils font usage tous les « jours sans y faire réflexion? » (Traité, VII, article 3).

(1) Probablement celui de Beauvais, dont il était principal.

L'histoire littéraire trouve aussi sa place dans le système d'études de Rollin. « Il ne faut jamais manquer, selon lui, de faire connaître en gros aux élèves l'auteur qu'on leur explique, les principales circonstances de sa vie et le temps où il a vécu. »

Il faut reconnaître toutefois que cet incomparable instituteur, en demandant que l'éducation embrasse, non-seulement le latin et la religion, mais encore des notions d'histoire, de géographie, de littérature, de physique, de philosophie, de mythologie, etc., ne se dissimule pas qu'il faudra aux maîtres beaucoup d'*industrie* pour faire entrer ces diverses études dans le cadre habituel des classes. En commençant son traité, il avait eu l'intention de s'assujettir à ce cadre ; mais arrivé au terme, il sent que le plan tracé par lui va bien au-delà des anciens programmes. « Sur la simple exposition que je viens de faire, dit-il, tout le monde sans doute conviendra qu'il serait à souhaiter qu'un tel plan pût s'exécuter ; et l'on sent que des jeunes gens instruits de la sorte, remporteraient du collége une infinité de connaissances qui leur seraient d'un grand usage pour tout le reste de la vie. Il ne s'agit donc que d'examiner si ce plan est praticable ou non. »

C'est alors que se pose, pour le bon recteur universitaire de 1694, le problème qui depuis a préoccupé tous les chefs de l'Instruction publique en France. « Quand je propose ces différentes études, dit Rollin, je ne prétends pas qu'elles doivent faire négliger celle de la langue latine, non plus que celle de la langue grecque. » Mais comment tout concilier ? Voici les moyens qu'il indique : « 1° S'attacher principalement à l'exercice de l'explication, et par conséquent regarder le reste comme secondaire ; (1) 2° savoir économiser le temps, restreindre

(1) « On peut aisément, si je ne me trompe, les concilier ensemble. « Ce qui doit dominer dans les classes, c'est l'explication. » (Traité des études, T. IV, p 402 de l'édit. Letronne).

surtout celui de la récitation ; 3° borner l'enseignement de l'histoire à des lectures faites par les écoliers en dehors des classes, et dont ils auront seulement à rendre compte « de temps en temps » au professeur.

## III

De tout ce qui précède, il résulte que les grands écrivains du XVIIe siècle ont constamment battu en brèche le vieux système d'éducation, celui qui consiste surtout dans la prédominance à peu près exclusive du latin, et que ces censures du bon sens et du génie avaient abouti, sous la plume de Rollin, à un plan d'études qui, malgré quelques imperfections et quelques traces de l'ancienne routine, est resté le code le plus achevé de la pédagogie.

Comment se fait-il pourtant que, malgré la voix des Bossuet, des Fénelon, des La Bruyère, des Racine, des Fleury, malgré les efforts de l'illustre et vertueux Rollin, nos colléges se soient traînés si longtemps encore dans les ornières de l'ancien système condamné par ces grands esprits? « Nos « enfants, disait le président Rolland d'Erceville en « 1768, savent le nom des consuls de Rome, et « souvent ils ignorent celui de nos rois. Ils connais- « sent les belles actions de Thémistocle, de Scipion; « ils ne savent pas celles de Duguesclin, de Bayard, « de Turenne, de Sully. » Au sujet des langues anciennes, il ajoutait : « Les écoles publiques ne sont- « elles destinées qu'à former des ecclésiastiques, des « magistrats, des médecins, et des gens de lettres? « Les militaires, les marins, les commerçants, les « artistes, sont-ils indignes de l'attention du gou-

« vernement? Il me semble que dans un collége « public, toutes les sciences devraient avoir leur « enseignement ; la religion, l'histoire, les mathé- « matiques, le dessin, la tactique, la navigation et « les langues étrangères doivent y avoir des pro- « fesseurs distincts et séparés ; le commerce et les « arts doivent y trouver les connaissances qui leur « sont nécessaires. Je crains que, dans nos colléges, « le plus grand nombre des jeunes gens ne perdent « le temps qu'ils y passent, les uns en apprenant ce « qui leur est inutile ou même nuisible, les autres « en n'apprenant pas ce qu'il leur est essentiel de « savoir. »

C'est devant le parlement de Paris, toutes chambres assemblées, que le président Rolland d'Erceville énonçait ces observations, qui n'étaient d'ailleurs que le compte-rendu et le résumé des mémoires présentés sur la question de l'enseignement public par tous les parlements et toutes les universités du royaume. (1)

Les cahiers des états-généraux, en 1789, renferment des observations analogues. Partout la nation se déclarait contre un régime d'éducation par lequel « on semblait n'avoir voulu faire que des théologiens et des prédicateurs, au lieu de former des citoyens utiles, aptes à tous les genres d'activité que réclame le bien général de la société civile. »

Après tant d'avertissements, tant de vœux, tant de déclarations des personnages les plus autorisés de l'Etat, on eût cru que la réforme reconnue nécessaire ne pouvait manquer de s'accomplir. Il n'en fut rien. Les assemblées nationales, successivement issues du mouvement de 89, ne purent qu'entrepren-

---

(1) Le parlement de Dijon avait demandé entr'autres choses que chaque année, à la séance de rentrée des colléges, un professeur fît l'éloge d'un des grands hommes de la province. Je ne désapprouverais pas, quant à moi, cet usage.

dre l'œuvre et durent la laisser inachevée pour défendre la France contre toute l'Europe, Bonaparte voulut surtout constituer l'Université sous la forme d'un corps dépendant. On eut ensuite la Restauration. Fatiguée d'agitations, la France se plut à espérer, sous ses anciens princes, un progrès pacifique et des institutions en harmonie avec l'état réel de la société. L'enseignement public parut à tout le monde un des objets qui méritaient le plus d'attirer les regards du gouvernement. On eut bientôt à revenir de ces illusions : la Restauration ne songea qu'à restaurer le passé. En fait d'enseignement, elle revint tout simplement au XV<sup>e</sup> siècle.

Le statut du 4 septembre 1821, régla l'enseignement des collèges avec détail et prescrivit, pour chaque classe, les exercices à faire, les auteurs à étudier. Croirait-on que, parmi tous les livres désignés pour être mis entre les mains des élèves, ne figure pas un seul auteur français ? Ainsi, c'est en vain que Fénelon, Racine, Voltaire, Montesquieu, Boileau, Bossuet, La Bruyère, Corneille, auront enrichi de chefs-d'œuvre notre littérature ; c'est en vain que Pascal, Descartes, Nicole, auront éclairé la conscience humaine et agrandi l'horizon de la pensée, le statut de 1821 ignore jusqu'à leurs noms. Tout au plus accorde-t-il que, pour mieux comprendre les fables de Phèdre, on pourra, en passant, jeter un coup d'œil sur les fables correspondantes de La Fontaine, et que, pour mieux faire des vers latins, on verra quelques morceaux « de poésies « françaises analogues aux poésies latines qui « auront été expliquées » (*Statut*, nos 168 et 173).

Mais en revanche, c'est là que trônent en maîtres Justin, Cornelius Nepos, Quinte-Curce, le *Selectæ*, le *de Viris*, les deux *Conciones*, l'analyse grammaticale et l'analyse logique, la mythologie, le rudiment, le thème latin, les tropes, et enfin, pour couronnement de l'édifice, le discours latin. Il est en outre dit expressément que « la leçon de philosophie sera « donnée en latin » (*Statut*, n° 187).

Pour ce qui regarde l'histoire, il est bien fait quelque mention de l'histoire de France, mais elle doit être englobée dans l'histoire moderne, et ce qui importe surtout, c'est l'histoire de Sésostris, d'Artaxerxés, c'est la dynastie des Achéménides ou des Séleucides. On étudie à fond le compilateur Justin, l'abréviateur Cornelius Nepos, les romans historiques de Quinte-Curce sur Alexandre, de Xénophon sur Cyrus; mais le grand historien des Gaules, Jules-César, il n'en est pas question.

Dans un pareil système, les langues vivantes ne pouvaient guère trouver place. Cependant il est juste de dire qu'elles ne sont pas exclues : le § VII est intitulé : « Des maîtres de langues vivantes, d'arts et d'agrément. » On voit, côte à côte, dans ce paragraphe VII (1), le dessin, la musique, la danse, les langues vivantes, l'escrime, l'écriture, la natation, et, ce qui n'est pas moins curieux, le calcul. Le calcul rangé parmi les arts d'agrément, c'est une idée vraiment étrange! Il est remarquable aussi que les leçons de danse n'étaient permises (v. n° 56) qu'aux élèves de 8e, de 7e, de 6e et de 5e. Ces cavaliers futurs étaient trop favorisés, ce nous semble. Il est vrai que par compensation (*statut* n° 57), les élèves des quatre classes supérieures pouvaient seuls demander des leçons de langues vivantes, droit qui était refusé aux jeunes disciples de la danse. Il était bien entendu d'ailleurs que ces leçons de langues vivantes étaient prises dans les heures de récréation, payées à part, et ne faisaient point partie du cadre des études classiques.

Du moins, si on enfermait la jeunesse française dans le grec et le latin, eût-on pu proposer à son

---

(1) Voyez aussi le n° 82.

étude les monuments littéraires qui reflètent le mieux la splendeur de l'antiquité. « L'éminence de « la raison humaine, a dit un écrivain célèbre du « XVIIe siècle, se trouve dans Platon, jointe à toute « la beauté de la langue » (1) : aucun écrit de Platon ne figure dans le statut de la Restauration. Les mémoires de Xénophon sur Socrate n'y figurent pas davantage. L'éponge est passée de même sur les admirables traités philosophiques de Cicéron, le *de Officiis*, le *De Natura Deorum*, les Tusculanes. Sénèque, ce quasi-chrétien, est exclu. Une sentence d'ostracisme semble avoir frappé tout ce qui serait capable d'éveiller la raison de la jeunesse ; on ne lui permet que l'imagination, et encore ne la lui permet-on qu'en latin; tout est dirigé en vue du vers et du discours latins; on ne lui fait lire que des poètes, on ne lui apprend que de la grammaire et les préceptes empiriques d'une rhétorique surannée. De la sorte on pensait n'avoir pas à craindre la fougue de ses sentiments ou les téméraires révoltes de sa conscience.

Les traditions du XVIIe siècle se trouvèrent ainsi complètement méconnues; on ne tint aucun compte des conseils du bon Rollin, de l'abbé Fleury, de Port-Royal, qui avaient formulé et résumé ces traditions si sages. On revint, en l'empirant, au système qui avait prévalu avant la révolution. « La multitude des Collèges, disait à cette époque l'auteur de l'histoire du droit public, n'a pas rendu la véritable science commune; le fruit que le grand nombre de ceux qui les fréquentent en retirent, se réduit à entendre passablement le latin ecclésiastique. » — « J'en appelle à l'expérience et à la Nation, disait « aussi le procureur-général du roi au Parlement « de Bretagne. Les connaissances que l'on rapporte

---

(1) Port-Royal. Préface de la grammaire grecque.

« des Colléges, peuvent-elles s'appeler des connais-
« sances? Que sait-on, après dix années employées,
« soit à se préparer à y entrer, soit à en parcourir
« les différentes classes? Sait-on même la seule
« chose qu'on y a étudiée, les langues, qui ne sont
« que des instruments pour frayer la route des con-
« naissances! A l'exception d'un peu de latin, qu'il
« faut étudier à nouveau si l'on veut faire quelque
« usage de cette langue, la jeunesse est intéressée à
« oublier, en entrant dans le monde, presque tout
« ce que ces prétendus instituteurs lui ont appris.
« Est-ce là le fruit que la Nation devait retirer de
« dix années de travail le plus assidu? »

Quand le procureur-général comte de La Chalotais parlait ainsi (1761), quand tous les Parlements de France exprimaient les mêmes plaintes, l'éducation de la jeunesse se trouvait presque partout, dans le royaume, entre les mains des Jésuites. Avec leurs 612 Colléges, leurs 340 maisons de résidence (sans compter 59 noviciats et 24 maisons professes), ils couvraient d'un vaste réseau toute la surface du territoire. Bannis plusieurs fois, ils revenaient toujours. Pendant la Révolution, ils disparurent. Quand Bonaparte fut Empereur, ils revinrent : « Qu'est-ce que c'est, écrivait Napoléon à son ministre des cultes, que ces Pères de la Foi, dont j'entends parler depuis quelque temps? En quoi diffèrent-ils des Jésuites? On m'assure qu'ils ont déjà des Colléges. Je tiens à être informé là-dessus. » Ces Pères de la Foi n'étaient en effet autre chose que des Jésuites; ils sentirent se fixer sur eux l'œil perçant de Napoléon, rentrèrent dans l'ombre et attendirent des temps meilleurs.

Après le retour de la royauté, ils devinrent bientôt, malgré les répugnances du roi lui-même, l'âme du Gouvernement. Les timorés, les ambitieux, les dévots, les émigrés, les dupes enfin (secte toujours nombreuse) leur formèrent un parti puissant. Le gascon Villèle, leur créature, fut porté au ministère

(1820), puis à la présidence du Conseil. De cette époque, qui est celle du *statut* ci-dessus analysé, datent les mesures les plus néfastes : la guerre pour le rétablissement de Ferdinand VII en Espagne, le milliard des émigrés, le rétablissement du droit d'aînesse, la loi du sacrilége, la censure, la dissolution de la garde nationale. Un évêque devint grand maître de l'Université ; des Colléges de Jésuites s'ouvrirent malgré les lois, à Montrouge, à Saint-Acheul, à Montmorillon ; « tout un ensemble de frères, de missions, de congrégations » enlaça la société ; « le changement de tout le personnel de l'Université et la disgrâce de quiconque était supposé adversaire des nouvelles vues, mirent tout le monde sous le joug. » (Mémoire à M le comte de Villèle, président du Conseil des ministres, par M. le comte de Montlosier, p. 3 et 9).

Voilà où en étaient arrivés, grâce à la connivence ou à l'aveuglement du clergé lui-même, les hommes qui ont fait le plus de mal à la religion, en la transformant en instrument de domination. J'ai tenu à montrer à quelle période sociale, à quels hommes se rattachait ce fameux statut de 1821, qui devint pour longtemps la charte de notre enseignement public, et des entraves duquel, malgré les changements politiques, malgré les incessantes réclamations des familles, malgré les efforts de plusieurs ministres, nous avons encore aujourd'hui bien de la peine à nous dégager.

Pétrifier l'enseignement, incarcérer dans des exercices scolaires dignes du moyen-âge l'intelligence des jeunes générations du XIXe siècle, voilà à quoi on avait abouti. Etait-ce là pourtant ce que demandait le pieux abbé Fleury, précepteur des Enfants de France, avec Fénelon, quand, dans son *Traité du choix et de la conduite des études* (1686), il protestait « contre une déférence aveugle et persévérante pour des usages dès longtemps surannés, et pour un système qui perpétuait une contradiction fâcheuse entre l'éducation de l'enfant et les devoirs de l'homme fait. » « Car ces enfants, disait-il, ne vivront ni en l'air, ni parmi les astres, moins encore dans les espaces imaginaires au pays des êtres de raison ; ils vivront sur la terre, dans ce bas-monde, tel qu'il est aujourd'hui, et dans ce siècle tout corrompu : il faut donc qu'ils connaissent la terre qu'ils habitent, les animaux qui les servent et surtout les hommes avec qui ils doivent vivre et avoir affaire. L'éducation doit être l'apprentissage de la vie. »

Tel était le langage, tels étaient les sentiments de ce XVIIe siècle que l'on vient constamment nous opposer, et que nous aurions bien plus droit d'opposer à nos contradicteurs.

## IV.

Le malheur, c'est que, dès l'origine, il eut deux courants, deux tendances divergentes, en fait d'éducation publique. Les uns crurent qu'il fallait marcher avec le siècle, unir les lumières à la foi et la science profane à la science religieuse, « *Fides quærens intellectum* », avait dit Saint Anselme ; ils étaient les hommes du progrès et de l'avenir. Les autres étaient attachés invinciblement à la tradition et au passé ; l'efficacité de la raison humaine, ils ne l'admettaient pas ; la marche progressive de la civilisation, ils la niaient ; à leurs yeux, l'histoire, la philosophie, la physique, l'astronomie, l'histoire naturelle étaient des connaissances périlleuses. Saint Ignace de Loyola, fondateur de l'ordre religieux qui a le plus puissamment représenté cette doctrine, l'avait résumée lui-même dans cette sentence souvent invoquée par ses disciples : « *boni simul et eruditi pauci inveniuntur* ». L'humanité fut déclarée impuissante par elle-même et frappée d'une irrémédiable incapacité. « Ces principes, dit le Père Ravignan, renferment le sens, le but et la raison des études dans la société de Jésus. Non, ajoute-t-il, l'humanité, fécondée par les systèmes ne nous paraît pas en travail d'une ère de vertu et de bonheur. La raison, livrée à elle-même, s'égare et roule d'erreur en erreur. »

Ces idées, au reste, sont inévitables dans un corps religieux, dont l'essence est de ne reconnaître que son principe et d'être stationnaire. Et c'est aussi ce qui fait qu'ils ne conviennent point à l'éducation publique, laquelle, dans une société bien réglée, ne peut être confiée qu'à un corps civil, mandataire et image de la société elle-même.

Mais, comme un autre caractère de l'ordre religieux, est l'esprit de domination, cet ordre a toujours voulu s'emparer de la jeunesse. Les luttes du clergé contre l'enseignement laïque se retrouvent à chaque page de notre histoire. On sait de quelles rigueurs la célèbre école de Port-Royal fut l'objet. « L'instruction de la jeunesse fut, dit Racine, une des principales raisons qui animèrent les jésuites à la destruction de Port-Royal ; ils eurent peur que cette institution ne leur enlevât l'éducation de la jeunesse, c'est-à-dire ne tarît leur crédit dans sa source. » Le vénérable Claude Lancelot, l'auteur des grammaires, le maître le plus renommé de cet établissement, alla mourir en exil à Quimperlé, en 1695, à l'âge de 79 ans. Racine avait soutenu Port-Royal, dont il était l'élève ; on lui déclara la guerre ; les régents l'attaquèrent dans leur chaire ; bientôt, malgré ses soumissions envers le P. La Chaise, jésuite, confesseur de Louis XIV, et envers Madame de Maintenon, créature du P. La Chaise, il tomba en disgrâce et, frappé de ce coup, il en mourut. Rollin même, « ce saint de l'enseignement », ne put échapper à la persécution. Lisez dans son *Eloge* par M. de Boze toutes les vexations, les tracasseries qu'il éprouva, les intrigues qui l'empêchèrent d'être reçu de l'Académie Française, les déboires de toute sorte dont il fut abreuvé. Chassé du collège de Beauvais *(à Paris)* dont il était principal, et contraint d'en sortir nuitamment, exclu de toute assemblée publique et particulière de l'Université, il se réfugie dans la retraite. Mais là même, il fut encore poursuivi. Sous prétexte de jansénisme, on alla jusqu'à déchaîner la police contre lui. Soumis à l'humiliation d'une descente de justice, il vit des agents du lieutenant de police Hérault fouiller tous les recoins de sa demeure, creuser dans sa cave « qu'ils appellaient des souterrains » et descendre jusque dans son puits. On ne se contenta pas d'une visite, on en fit une seconde. Le bon Rollin, l'âme brisée, ne se méprit pas sur les causes de la persécution. Il écrit au cardinal Fleury, qui avait ordonné ces poursuites, qu'il est faux que des conciliabules jansénistes aient lieu dans sa maison; mais il avoue que « des pères et des mères, excités par la la lecture de ses livres, s'adressent quelquefois à lui pour ce qui regarde les études de leurs enfants, à quoi, dit-il, je ne crois pas devoir me refuser entièrement. »

Il faut donc savoir, quand on nous cite à chaque instant l'éducation du XVIIe siècle, de quelle éducation on veut parler, si c'est de celle des Jésuites ou si c'est de celle qui s'autorise des noms de Bossuet, de Racine, de Boileau, de l'abbé Fleury, de Rollin ; car ce sont deux choses fort différentes.

A la vérité, l'éducation des Jésuites et des autres ordres religieux a prévalu pendant le XVIIIe siècle, et chacun sait que Voltaire lui-même fut, pendant sept ans, leur élève. C'est alors que fleurit surtout le vers latin. Aux grands jours, les écoliers jouaient, soit des tragédies latines comme le *Martyre de Sainte*

*Herménégilde, Sennachérib, le Martyre de Saint-Agapet*; soit des comédies en prose latine, telles que *Misoponus (l'ennemi du travail) Philédon (l'ami du plaisir)*. Le Père Vanière publiait son *Prædium rusticum*, le chef-d'œuvre peut-être du vers latin; on admirait l'*Anti-Lucrèce* du Cardinal de Polignac, les *Carmina* de Lebeau. Il semblait que l'on fût revenu au temps de Jérôme Vida (1490-1566), à cet âge héroïque du vers latin, où l'art des poëtes consistait surtout à forcer la langue de Virgile de chanter les échecs, l'éducation du vers à soie, les saints et les mystères du christianisme, les grandes actions des personnages célèbres du XVe et du XVIe siècles. Plus les pensées à exprimer étaient rebelles aux formes poétiques et au génie de la langue latine, plus on était loué de l'entreprise. Il en était à peu près de même pour la prose latine, et on s'étudiait à inculquer dans des périodes cicéroniennes à deux membres, à trois membres, à quatre membres, une idée quelconque. Le Père Le Jay, dans sa rhétorique (écrite, bien entendu, en latin, 1725) donne de nombreux modèles et d'abondants préceptes pour ces exercices, qui formaient alors la base de l'éducation du jeune rhétoricien.

C'étaient là sans doute des jeux innocents et, la houlette pastorale venant en aide, on pensait conduire ainsi tout doucement l'humanité à la religion, à l'obéissance facile, au bonheur. Sage et respectable ambition, qu'il faut admettre et que j'admets pour ma part chez les hommes dont je critique ici la méthode. Car, si, dans un vaste corps, quelques membres obéissent à des mobiles de haine ou d'intérêt, la masse ne se meut jamais que sous l'impulsion de motifs honorables et en vue d'atteindre un but qu'elle croit utile. Elle peut être aveugle ou égarée dans de fausses voies; mais elle n'est pas perverse. C'est donc par les résultats qu'il faut juger un système.

Or, dans le cas dont il s'agit, l'histoire sera-t-elle interrogée en vain? Ces générations élevées dans une serre du moyen-âge, nourries de vers latins et de harangues latines, entretenues à l'abri du souffle « pernicieux » des sciences modernes, ces générations à quoi ont-elles abouti ? A l'insurrection philosophique du XVIIIe siècle, à la révolution de 89, à la terreur de 93. Certes, ce n'est pas moi qui leur en veux d'avoir fait une révolution, sans laquelle nous n'aurions ni la liberté personnelle, ni l'égalité civile, ni la liberté de conscience, ni la qualité de citoyens; mais enfin on doit convenir que ce n'est pas ce résultat qu'ambitionnaient les Jésuites et autres ordres religieux, alors en possession d'élever la jeunesse du royaume.

C'est pourtant cette éducation qui forma Voltaire, le plus brillant élève des Jésuites; Diderot fut étudiant de théologie à Paris et destiné à l'état ecclésiastique ; Raynal avait été Jésuite; Fouché préfet des études chez les Oratoriens, ainsi que Billaud-Varennes ; Monge, qui en 1801 s'opposa si fortement au rétablissement de la religion, avait été élevé chez les Oratoriens, ainsi que le conventionnel Daunou ; Siéyès était vicaire-général, Grégoire curé, Lamourette vicaire-général, Talleyrand évêque, et ce fut en cette qualité qu'il célébra la messe au Champ-de-Mars le jour de la fédération (14 juillet 1790); le démagogue Manuel, qui fut procureur de la Commune, qui organisa l'insurrection du 10 août, et demanda la déchéance de Louis XVI, était un ancien prêtre de la doctrine chrétienne; Joseph Lebon, le terrible conventionnel d'Arras, était curé ; Chabot, l'auteur du *Catéchisme des sans-culottes*, était un ex-capucin.

En parlant de la jeunesse de Robespierre, qui avait dû sa première éducation aux soins paternels du pieux évêque d'Arras, et qui était devenu ensuite un des meilleurs élèves du collége Louis-le-Grand, l'auteur anonyme de sa vie (en 1797) fait remarquer avec force les dangers d'un enseignement qui attache la jeunesse à l'étude presque exclusive des langues et des sociétés anciennes. Voici comment il s'exprime : (1)

« A voir le genre d'enseignement qu'on leur « donnait, on eût dit qu'ils allaient appartenir à un « Etat en tout semblable à celui de l'ancienne Rome. « A peine ils bégayaient, et déjà on exigeait qu'ils « parlassent la langue des Romains. La vie des « hommes de ces temps reculés était la matière con- « tinuelle des lectures, ainsi que des sujets sur les- « quels on s'exerçait. Les jeux, comme les leçons, « rappelaient des usages ou des institutions de la « république de Rome. Les distinctions même por- « taient le nom de quelqu'une des dignités romai- « nes. Celui qui avait le plus satisfait son régent, « obtenait ou le consulat, ou le censoriat, ou la dic- « tature. Les Brutus, les Scævola, les Coriolan, les « Camille, les Marius, les Pompée, les Gracques, les « Catilina remplissaient leur imagination. Cepen- « dant le laps de plusieurs siècles, des mœurs diffé- « rentes, de nouvelles idées religieuses, des décou- « vertes inconnues aux anciens, la politique des « empires appuyée sur d'autres bases, des armées « où l'on ne lance plus le javelot, mais la foudre, « l'abolition enfin de l'esclavage ont dû nécessaire- « ment changer l'organisation des sociétés policées « et leurs rapports entr'elles. Voilà ce dont les règle- « ments sur l'éducation auraient dû tenir compte. » (p. 27 et suiv.)

Les biographes s'accordent également à reconnaître que les impressions et les souvenirs du collége contribuèrent beaucoup à faire de Saint-Just un révolutionnaire. Du reste, il suffit de se reporter à

---

(1) Histoire de la conjuration de Maximilien Robespierre, nouv. édit., 1707, Paris, chez Maret, libraire, maison Egalité, cour des Fontaines, n° 1081.

l'histoire de cette terrible époque pour voir à chaque instant reparaître ces souvenirs, depuis le bonnet phrygien jusqu'à la toge directoriale, depuis l'autel du Champ-de-Mars, jusqu'au char de la déesse de la liberté. On retrouve les harangues de rhétorique dans la pompe déclamatoire des discours de ce temps; la hache des licteurs figure sur les monnaies; les législateurs invoquent Lycurgue, Solon, Minos; on donne à ses enfants en guise de noms de Baptême, les noms de Brutus, de Marius, de Gracchus. Elevé par les religieux qui dirigeaient l'école de Brienne, Bonaparte lui-même garda toujours l'empreinte de cet enseignement; on le voit encore, au moment de monter sur le Bellérophon, écrire à l'amirauté anglaise qu'il vient, *comme Thémistocle,* s'asseoir au foyer britannique.

## V

Instruit par les événements, le XIX<sup></sup>e siècle doit-il donc s'éterniser dans le système routinier de l'éducation du XVe siècle? Est-ce avec des statuts comme celui de 1821, avec des histoires comme celles du P. Loriquet, avec le *Syllabus,* que nous referons l'esprit de la jeunesse? L'on voit aujourd'hui se multiplier les établissements des Jésuites et les colléges ecclésiastiques; le coryphée militant de l'épiscopat français déclare hautement qu'il faut s'insurger si le vers latin est menacé. Je respecte l'autorité et surtout le caractère de Mgr Dupanloup, sans approuver toujours sa manière de se montrer. Si la religion est intéressée à ce que nous fassions des thèmes latins, à ce que nous ayons des jésuites pour pédagogues, je me rends. Mais je crains que le savant prélat, très-fort humaniste lui-même, ne prenne ses affections pour une méthode ; je serais porté à croire que l'immutabilité de la religion est mal à propos transportée à l'éducation et que, si la religion doit rester toujours la même, l'éducation au contraire doit être soumise à la loi du progrès : *Nihil majus præstandum est quam ne, pecorum ritu, antecedentium gregem sequamur, pergentes non qua eundum est, sed qua itur.*

C'est ce que pensait l'éminent magistrat que j'ai déjà cité, et qui, du reste, paya par une longue détention sa courageuse franchise : « Notre éducation, dit « M. de la Chalotais, se ressent partout de la barba- « rie des siècles passés, où l'on ne faisait étudier « que ceux qui se destinaient à la cléricature. Un « étranger, à qui on expliquerait ces détails, s'ima- « ginerait que la France veut peupler les séminai- « res, les cloîtres et les colonies latines. Comment « pourrait-il s'imaginer que l'étude d'une langue « morte et des pratiques de cloître fussent des mo- « yens destinés à former des militaires, des magis- « trats, des chefs de famille, propres à remplir les « différentes professions dont l'ensemble constitue « la force de l'Etat ? Nous sommes imbus des notions « monastiques, qui nous gouvernent sans que nous « le sachions et sans qu'on s'en aperçoive. On ne « parle que de communautés de religieux pour leur « confier la direction des colléges. Il semble qu'avoir « des enfants soit une exclusion pour pouvoir en « élever. »

Ces sentiments éclatèrent aussi sous la Restauration, quand on vit l'éducation publique ramenée, comme tout le reste, à l'ancien régime. Le comte de Montlosier, ancien émigré, mort pair de France en 1838, se fit l'organe des plaintes de l'opinion : « No- « tre jeunesse, dit-il, est enivrée des doctrines ultra- « montaines ; elle est livrée à des hommes que le sol « de la patrie ne devrait pas même connaître. Cette

« coalition, qui s'est formée au sein du clergé et qui « la domine, travaille incessamment, tantôt avec les « formes de la soumission et du patelinage, quelque- « fois avec une audace ouverte, à se rendre maîtresse « de toutes les voies. Dans les petits séminaires « qu'ils dirigent, ils sont tenus, par la loi, de faire « prendre, au bout de deux ans, à leurs élèves l'habit « ecclésiastique : ils n'en font rien et, quand on le leur « fait observer, ils répondent que ces élèves portent « une *cravate noire* : c'est comme le petit collet et « la soutane. Lorsqu'on leur rappelle ensuite qu'aux « termes de la même ordonnance, ils ne doivent « point avoir d'élèves externes : C'est juste, répon- « dent-ils, mais nous allons les visiter régulièrement « dans les maisons qu'ils habitent. *Visités réguliè- « rement*, c'est comme pensionnaires. Un recteur « (celui deClermont), ose signaler cet état de choses : « éloignement du recteur. » (Comte de Montlosier, mémoire à M. de Villèle, p. 12, 15, 23 et 99.)

Cependant leurs établissements, comme toujours, se remplissaient d'élèves. Saint-Acheul en avait 1250. Dans un livre intitulé *l'intérieur de Saint-Acheul*, (Paris 1828), un de leurs anciens disciples dépeint l'éducation donnée dans cette maison renommée. « Le premier acte de la journée, c'est le réveil. De grand matin, les éveilleurs parcourent les dortoirs en criant à l'oreille de chaque élève profondément endormi : *Benedicamus Domino*. Agréablement surpris par cette interpellation, celui-ci doit en témoigner à l'instant sa satisfaction et répondre : *Deo gratias !* . . A la messe, ils nous faisaient par respect ôter nos gants au moment de l'élévation. . . Il y avait toujours des zélés qui ne se contentaient pas des pratiques ordinaires, il leur fallait des mortifications. Les uns se privaient d'un plat à dîner, pratique dont l'économe ne se lassait pas de vanter l'excellence singulière. D'autres faisaient 12 fois le tour de la cour en l'honneur des 12 apôtres, ou 7 fois pour les sept sacrements. Tous les ans, à la même époque, un grand livre était déposé sur l'autel; au haut de la page étaient écrits ces mots : *Je crois que Marie a été conçue sans péché*, et nous allions, les uns après les autres, signer au bas de cette page; nous n'étions pas précisément forcés de le faire, mais ceux qui s'en dispensaient étaient notés..... A la bibliothèque, les livres étaient émaillés de bandes de papier qui marquaient les passages réputés dangereux. Un jour j'enlevai une très-petite bande sur une page des *Tombeaux d'Hervey;* il y avait cette phrase : « Que son épouse jeune et belle meure à ses côtés, il n'en est point ému. » On avait recouvert les deux mots *jeune et belle.* On nous recommandait surtout les *Lettres édifiantes et curieuses*, qui m'ont toujours paru beaucoup plus édifiantes que curieuses. Nous avions aussi des romans, mais c'étaient des romans allégoriques, entre autres *le Voyage d'un nommé Chrétien*, où l'on voyait un jeune homme, échappant à des monstres nommés *gourmandise, homicide, paresse*, puis se fiant à un conducteur appelé *Présomption*, tomber dans le bourbier de la volupté. Il s'y débattrait encore si une pieuse femme nommé *Pénitence* ne fut venue lui tendre la main, pour le remettre à une jeune vierge suivie de deux acolytes, c'était la *Pureté* escortée du *sixième et du neuvième commandements;* et depuis ce temps un grand homme sec et blême suivit toujours Chrétien. Cet homme s'appelait *Remords*. Il y avait des ouvrages à l'usage particulier des Pères, et auxquels il ne nous était pas permis de toucher; seulement nous regardions les titres inscrits sur le dos des livres; il y en avait un bien singulier, c'était la *Seringue spirituelle pour les âmes constipées en dévotion*..... Quand un élève commettait une faute, on lui donnait le *signum*, espèce de jeton qui entrait aussitôt dans la circulation; car celui qui l'avait ne pouvait en être délivré (et par conséquent aussi du pain sec) qu'en prenant en faute un de ses camarades, qui héritait alors du *signum* et du pain sec. On sent tout ce que ce fatal jeton produisait de zizanies et d'espionnages; il faisait plus que les férules, qui ont été quelque temps à la mode et qu'on recevait à genoux, à charge ensuite de payer deux sous au valet qui les avait données. Le P. Guidée présidait à ces exécutions en déroulant son chapelet. » (Intérieur de Saint-Acheul, p. 21 à 56).

Je ne pousserai pas plus loin ces citations d'un narrateur trop bien informé; car je cherche des renseignements et non des armes. Je me contenterai de rapporter la conclusion de l'ouvrage: « En me résumant, dit ce perfide disciple, j'ai appris à Saint-Acheul tout ce qu'il faut pour n'avoir pas la moindre idée de notre siècle et de nos mœurs; les mathématiques m'étaient étrangères, je vivais dans un cercle d'idées factices. Il m'a fallu des années pour parvenir à oublier ce qu'on m'avait enseigné dans ce collége. » (P. 161).

Si j'ai rappelé Saint-Acheul c'est parce que cet établissement, le plus renommé des Jésuites, représente le mieux quel était le caractère de leur éducation; et si j'ai parlé des Jésuites plutôt que des colléges ecclésiastiques, c'est parce que cet ordre religieux avait conservé avec le plus de soin les traditions de l'ancien système dont il fut, à vrai dire, le principal inventeur. Cela ne m'empêche pas de reconnaître qu'il y eut et qu'il y a parmi eux beaucoup d'hommes vertueux et sincères (et j'en connais de tels); mais plus ils sont honorables, et plus le vice de leur système éclate; car ils n'ont rien préservé et ils ont tout gâté. La jeune génération entreprise par eux avait eu à peine le temps d'atteindre l'âge viril, qu'elle secoua le joug insupportable de ceux qu'on appelait alors collectivement la Congrégation; l'antique dynastie, associée à leur impopularité par ses fatales complaisances, dut reprendre une seconde fois et pour toujours le chemin de l'exil.

Je sais qu'on dira : mais vous attribuez là au mode suranné de l'éducation et au pauvre latin des colléges un effet bien étrange. Quoi ! c'est parce qu'on faisait des vers latins que Charles X a. été chassé ! N'y a-t-il pas d'autres causes, l'esprit de révolte, l'indocilité des peuples, le philosophisme, l'impiété et toutes ces mauvaises passions, que l'éducation, critiquée par vous, s'était précisément donné pour mission d'extirper ?— Je réponds que, en tous cas, cette mission n'avait pas réussi. Et comment aurait-elle pu réussir ? L'éducation s'était placée en dehors du siècle ; elle n'avait avec les idées modernes aucun point de contact. On peut diriger la raison quand on l'accepte, mais non pas quand on la nie ; le philosophisme fut une réaction contre une religion surchargée de pratiques puériles et de miracles intéressés. En revenant aux idées féodales et en mettant perpétuellement en question les conquêtes les plus légitimes de la Révolution de 89, on produisit le mécontentement et par suite l'indocilité des peuples. N'accusons donc pas l'impiété du temps ; mais avouons que ce fut le retour insensé à ce qu'on appelait un peu abusivement l'ancien régime, *le bon vieux temps*, qui fut la cause du mal. Or, ce retour, en quoi est-il plus marqué alors que dans l'éducation publique, telle que la voulait et l'avait établie le parti de la Congrégation ? Je n'ai donc pas tort d'en vouloir sérieusement au vers latin ; car il n'était en définitive que la résultante et la quintessence d'un déplorable système d'éducation et d'un non moins déplorable système social.

## VI.

Après 1830, l'enseignement commença enfin à entrer dans la voie que lui avaient tracée Rollin, Fleury, Fénelon, Port-Royal et toute la grande école du XVIIe siècle. L'histoire ramenée au sérieux et à la bonne foi par les Guizot, les Augustin et Amédée Thierry, les de Barante, les Thiers, les Mignet, et devenue véritablement par eux la grande école des mœurs « *magistra morum,* » prit une importance proportionnée à son rôle et eut ses professeurs spéciaux. Les leçons de philosophie ne furent plus données en latin, les exercices d'argumentation dans les classes et les interrogations au baccalauréat n'eurent plus lieu en latin, la langue nationale fut rétablie dans ses droits. Thénard, Gay-Lussac, Biot, Pelouze, Poinsot, Cuvier, Arago, donnèrent une puissante impulsion à l'enseignement des sciences, pendant que Villemain et Cousin restauraient l'enseignement des lettres, par l'étude de nos grands écrivains. L'Ecole Normale, supprimée en 1823 par Mgr de Frayssinous, grand-maître de l'Université, fut rétablie par ordonnance du lieutenant-général du royaume dès le 6 août 1830, preuve sensible que la question d'enseignement avait été pour beaucoup dans le mouvement libéral qui produisit la révolution de Juillet. On fit honneur à la mémoire de Rollin, dont on reprenait les traditions, en donnant son nom à l'un des colléges de Paris.

En même temps, par la loi de 1833 et les règlements subséquents, on organisa l'enseignement primaire, base et appui de tout l'édifice scolaire enfin restauré.

Pour répondre aux divers besoins des services publics et de l'industrie, l'Université établit même, à partir de 1840, des cours mixtes et intermédiaires, qui permettaient aux jeunes gens de recevoir une assez forte instruction littéraire et classique, sans préjudice des études spéciales qu'exigeait d'eux la préparation aux grandes écoles du gouvernement, ou que nécessitait leur destination aux professions soit agricoles, soit commerciales. Les écoles supérieures dans les villes au-dessus de 5,000 âmes, furent un utile complément de cette habile et heureuse organisation.

Sous ce nouveau régime, l'enseignement public commençait à prospérer, quand tout-à-coup de sourdes colères longtemps contenues éclatèrent, et produisirent une véritable tempête dans la France paisible. L'épiscopat français, dont Mgr Parisis était alors le Dupanloup, éleva une protestation violente contre l'Université de l'Etat, contre son enseignement, contre le monopole abusif au moyen duquel elle opprimait les établisssements particuliers et accaparait les élèves. A ce moment (année 1841), l'Etat possédait 42 lycées ou collèges royaux, dans lesquels se trouvaient 12,086 élèves; les évêques ou jésuites possédaient 126 établissements comptant 18,255 élèves. Le reste était réparti entre les collèges communaux, institutions et pensions, qui formaient une catégorie mixte : le collège Stanislas à Paris, les institutions de Vaugirard, de Pont-le-Voy, de Felletin, de Juilly, de Ménars, d'Oullins, de Sorrèze, de Vendôme, de Saint-Chéron, de Pons; celles de Boulogne, d'Oloron, d'Annonay, de Senlis; les pensions de Saint-Omer, de Saint-Flour, de Lamarche (Vosges), etc., étaient les plus importants établissements de cette catégorie, et tous étaient dirigés par des prêtres, ce qui portait à 25,000 élèves au moins la clientèle ecclésiastique. Cela n'empêcha pas les mandements, les lettres pastorales, les brochurçs, les livres, les circulaires épiscopales de se déchaîner contre l'accaparement de l'Etat, et il demeura avéré qu'il n'y avait rien de plus affreux au monde que le monopole universitaire.

Les hommes de notre temps s'imaginent peut-être que Mgr Dupanloup est l'inventeur de cette croisade passionnée à laquelle il se livre contre l'enseignement public. Ce serait une grande erreur ; quel que soit son zèle apostolique quand il s'agit de nous maltraiter, l'évêque d'Orléans ne saurait surpasser les injures dont nous fûmes criblés en 1840 et années suivantes. Le vénérable M. Gatien-Arnoult fut passé en revue par Mgr l'archevêque de Toulouse (mandement du 9 février 1842) ; MM. Jouffroy, Cousin, Damiron furent pris à partie par Mgr de Chartres et accusés par lui de « préparer à la France des « calamités effroyables. » (Lettre du 14 mars 1842). Sa Grandeur protesta également contre « le despo-« tisme de l'Université, laquelle possède des res-« sources et une puissance redoutables qui compro-« mettent le salut du royaume. » (Lettre pastorale du « 20 février 1843). Mgr de Belley engagea les fidèles à « éviter d'envoyer leurs enfants dans ces écoles de « pestilence, et à réunir leurs prières pour obtenir « la liberté de conscience. » Mgr Parisis, toujours sur la brèche, attaqua le baccalauréat, où on avait supprimé l'argumentation en latin et où on avait introduit l'étude des grands penseurs français (Descartes, Pascal, Malebranche, Bossuet). « Sa Gran-« deur appelle aussi la sollicitude des Chrétiens sur « les empiétements de l'Université dans l'éducation « des filles, et montre combien sont injustes et fu-« nestes les prétentions du corps enseignant à cet « égard. » (4 Mai 1843). Ne croirait-on pas lire le résumé des lettres pastorales de Mgr Dupanloup ?

Il était nécessaire qu'on en vînt à parler des Jésuites ; car attaquer l'Université et prôner les Jésuites, c'est tout un. Mgr de Chartres, intrépide porte-bannière, n'y manqua pas dans sa lettre pastorale du 28 Septembre 1843, et il profita de l'occasion pour réclamer contre l'enseignement de l'histoire, telle que l'Université, sous l'inspiration de MM. Guizot, Thiers, Saint-Marc-Girardin, l'avait constitué.

Il va sans dire que M. Villemain, alors ministre de l'instruction publique, et l'un des hommes qui avait le plus contribué à relever l'étude des lettres françaises, ne fut pas ménagé. Il eût été ministre des cultes que cela n'eût pas pesé davantage dans la balance. Car il est remarquable que certains membres du clergé qui, dans le catéchisme, nous ordonnent d'honorer les puissances établies, s'en abstiennent quant à eux parfaitement. On fit entendre au roi charitablement que s'il ne se séparait de son ministre, c'en était fait de la paix entre le trône et les évêques. « On est convaincu, osèrent-ils écrire « au roi, qu'il faut désormais choisir entre la Reli- « gion et le Roi. Cette pensée est malheureuse, et « personne n'en gémit plus que les évêques; mais « toujours est-il qu'elle a cours. » (Mémoire au Roi par les Archevêques et Evêques de la province de Paris, Mars 1844).

Lous-Philippe ne voulait pas pousser les choses à l'extrême; il crut (comme cela arrive toujours, quoiqu'on s'en trouve toujours mal) qu'il fallait faire des concessions. M. Villemain fut remercié.

La guerre n'en continua pas moins ardente et infatigable, jusqu'en 1848. Puis vint sous le prince-président, la loi Falloux (1850) qui supprimait jusqu'au nom d'Université, en attendant l'extinction de la chose. Nous sommes en 1872, et cette loi nous régit encore !

## VII.

Le conflit sera-t-il donc éternel entre le Clergé et l'Université? Je l'ai déjà dit en une autre circonstance : ce sont deux forces conservatrices, qui feraient beaucoup mieux de s'unir que de se combattre. La société n'a pas trop de l'accord de tous les sentiments conservateurs pour se maintenir. Sans doute je comprends que les évêques, tuteurs nés de l'intérêt religieux des peuples, s'émeuvent lorsqu'ils croient voir porter atteinte aux vérités de la foi ou aux prérogatives de l'Eglise; mais quand il s'agit de savoir si on fera plus ou moins de vers latins, plus ou moins de thèmes grecs dans les lycées, je ne comprends plus l'intervention épiscopale. La France est-elle perdue, la Religion est-elle en péril parce que, au lieu de passer trois heures à chercher dans son *Gradus* des synonymes, des épithètes, des périphrases et d'agglutiner avec incohérence des lambeaux de Virgile, de Lucain, de Claudien ou même d'Ausone, l'élève emploiera une heure à étudier, à admirer quelque beau morceau de Virgile ou d'Horace? Chacun ne voit-il pas, au contraire, combien cette économie est avantageuse? Car, d'abord, nous avons une heure utilement et agréablement employée. Puis nous gagnons deux heures pour la géographie, l'histoire, la physique, les langues vivantes et, entre autres langues vivantes, pour la langue française. N'est-ce pas là un véritable bénéfice? M^gr Dupanloup a été professeur, si je ne me trompe; peut-être même a-t-il été professeur de rhétorique. Il a été fort heureux et fort habile, si dans sa classe il a obtenu de véritables vers latins, de véritables discours latins. Qu'il rappelle à cet égard ses souvenirs.

Habituellement, voici ce qui arrive. Etant donnée, par exemple, une classe composée de quinze rhétoriciens en général assez intelligents, cinq élèves sur ces quinze livreront au professeur une copie présentant une vingtaine de vers à peu près passables ; les cinq copies suivantes seront un amalgame confus de dactyles et de spondées, de chevilles et de plagiats effrontés, extraits tout vifs du *Thesaurus;* quant aux cinq autres copies, elles n'existent pas ou n'existent que pour mémoire, selon que le professeur a ou n'a pas consenti à ce que ceux qui ne peuvent pas faire de vers n'en fassent pas.

Que l'on prenne, à l'heure qu'il est, la dernière composition en vers d'un lycée ou collége quelconque : on verra si ce que je dis ici est faux.

J'ignore, bien entendu, ce qui se passe dans les séminaires ou autres établissements ecclésiastiques : il est possible que la culture du vers latin y donne des fruits excellents, mais rien n'empêche ces établissements de continuer à s'y adonner ; la circulaire du 27 septembre n'y met pas obstacle et Mgr Dupanloup lui-même se plaît à le reconnaître. Les lycées seuls sont visés, comme on dit aujourd'hui, par la circulaire ministérielle ; et si Mgr d'Orléans trouve bon de faire tout ce qu'il lui plaît dans ses établissements, il ne doit pas trouver mauvais que l'Etat prescrive ou conseille ce qui lui paraît utile dans ses lycées.

La circulaire dont il s'agit a ménagé le discours latin : je n'aurais pas, quant à moi, été si indulgent. Je pense ici encore qu'une bonne étude de Tite-Live, de Cicéron ou de Tacite vaut mieux qu'un impuissant pastiche des discours du *Conciones*. Ce n'est pas toutefois que je partage l'opinion que semble exprimer le Ministre sur le *Conciones* et en général sur les morceaux choisis : il faut aux jeunes gens des morceaux assez courts et de la variété. On étudiait de mon temps, non-seulement le *Conciones*, mais encore les Extraits grecs du bon abbé d'Andrezel, ainsi que les leçons françaises de Noël et Delaplace : nous aimions beaucoup ces livres qui nous délassaient de nos malheureux discours et vers latins. Nous n'eussions guère été capables, je crois, de goûter le magnifique ensemble du *Pro Corona*, l'ampleur oratoire de la Milonienne ou la savante contexture dramatique de l'Œdipe-Roi, surtout de passer des mois entiers sur ces grands monuments. En général le *Conciones* plaît assez aux élèves de rhétorique, mais il leur plairait bien plus s'ils n'étaient pas obligés de le piller. En combien de manières n'a-t-on pas reproduit dans les colléges les mouvements, les tours, les expressions du tribun Canuleius, du conspirateur Catilina, du consul Scipion, du roi Micipsa, du républicain Cremutius Cordus et de tant d'autres, pour les appliquer à des discours de Jonathas, de Pompée, de Charles-Quint, de Richelieu, ou même de la reine Clotilde ! Quel homme sensé ne trouvera ridicules ces fameux cahiers, si bien nommés, d'idiotismes où les *quippe qui*, les *haud scio an*, les *tunc enim vero*, les *grassari*, les *nequaquam*, les *fucum facere*, les *concinnare*, les *morem gerere*, les *sigillatim*, les *pro ut* et mille autres *flores*, ou plutôt *flosculi dictionis* s'amassent discrètement pour venir émailler à l'improviste les pénibles essais du jeune latiniste ? Dès la 8e, dans le statut de 1821 (n° 153), les enfants devaient apprendre « par cœur des listes de tournures et d'idiotismes de la langue latine. » Aujourd'hui on leur fait apprendre des fables de Fénelon et de La Fontaine : il semble que cela vaut un peu mieux.

Pour qui n'a pas eu occasion de pénétrer dans les mystères de l'*ablatif absolu* ou *du participe en dus* ; dans les élégances de l'*ut.... sic*, du *quum.... tum*, du balancement par l'*et* répété; dans les délicatesses des temps en *rim* et dans les multiples arcanes de la latinité d'imitation; pour qui, en un mot, n'a pas eu à étendre sa pensée sur ce lit de Procuste qu'on appelle la composition latine, je puis paraître sévère ou injuste à l'égard de cet exercice. C'est une gymnastique, dit-on, et toute gymnastique de l'esprit est bonne, puisqu'elle le fortifie; c'est, en outre, un excellent moyen de faire apprécier à la jeunesse les bons auteurs, en la forçant à les étudier de près; enfin c'est ce qu'ont fait en leur temps « Bossuet, « Fénelon, Bourdaloue, et tout le XVII^e siècle. » (Dupanloup, lettre citée).

Ces derniers mots auraient dû, ce me semble, avertir M^gr d'Orléans lui-même de son erreur. Nous ne sommes plus au XVII^e siècle, mais au XIX^e, nous touchons presque au XX^e. Les sciences, l'industrie, les relations des peuples étaient-elles, au siècle de Bossuet, ce qu'elles sont aujourd'hui, et doit-on, dans l'éducation de la jeunesse, ne tenir aucun compte de ces changements de la société? Le champ des connaissances géographiques s'est beaucoup accru, et l'étude des mœurs, des institutions, du commerce des différents peuples a reçu des développements nécessaires; le cours naturel des années a, depuis l'avant-dernier siècle, fort agrandi le domaine de l'histoire; l'astronomie n'en est plus au temps ou Rollin même, parlant, d'après Copernic, du mouvement de la terre et des autres planètes autour du soleil, de celui de la lune autour de la terre et de la distance prodigieuse des étoiles fixes, traitait ces idées de « simples conjectures, » (livre 7, art. 3); la physique, la chimie, la botanique ont interrogé la nature et l'ont forcée de livrer ses secrets. Cependant, M^gr Dupanloup ne veut pas qu'on apprenne autre chose que ce qu'on apprenait il y a deux siècles : « Conservez, écrit-il aux supérieurs, « directeurs et professeurs de ses établissements, « *le fond, la forme* et *les méthodes* d'enseignement

« qui ont donné à la France et à l'Eglise, Bossuet, « Fénelon, etc. Les pères de famille vous en sauront « gré, l'Eglise vous en bénira, et le pays ne vous « comptera pas au nombre de ses mauvais servi- « teurs. »

Nous demandons pourtant au docte prélat la permission d'étudier au moins les chef-d'œuvre de Bossuet lui-même, de Fénelon, de Bourdaloue, de Massillon, de tous ces grands hommes qu'il invoque, et qui certainement n'avaient pu se comprendre eux-mêmes dans les sujets d'études de leur temps. Si nous consentions, comme l'ordonne Mgr Dupanloup, à n'enseigner dans nos lycées que ce qui s'enseignait au collége de Dijon, lorsque Bossuet y était écolier (de 1637 à 1645), il est évident que nous devrions laisser de côté le Cid, le discours sur la méthode, tout Racine, tout Corneille, tout Pascal, tout le XVIIe siècle. A ce prix seul, nous pourrions « con- « server le fond, la forme, les méthodes de l'ensei- « gnement qui a donné à la France et à l'Eglise « Bossuet, Fénelon, Bourdaloue, etc. » Je doute fort que cela puisse nous attirer les bénédictions des pères de famille et la reconnaissance du pays.

Ces pères de famille, que l'on ne cesse de mettre en avant, sans en avoir reçu mandat, nous sauront peut-être plutôt gré d'enseigner à leurs enfants les beautés de notre propre littérature, sans en exclure même les écrits les plus recommandables du XVIIIe siècle et du XIXe. Ils nous demanderont peut-être aussi de ne pas laisser ignorer à nos élèves les noms de Gœthe, de Schiller, de Lessing, de Sheridan et ils voudront que leurs enfants, s'ils sont appelés à devenir un jour officiers ou commerçants, ou seulement à voyager en touristes chez nos voisins, puissent se tirer d'affaire sans avoir constamment le guide-âne de la conversation à la main.

Les biographes nous apprennent que Bossuet avait une sorte d'aversion pour les mathématiques et qu'il « ne voulut jamais les connaître. » Les pères de famille nous permettront-ils de tolérer cette aversion de la part de nos élèves? « Mon fils est destiné, nous dira l'un, à l'école centrale ou à l'école forestière, et non à devenir un Fénelon ou un Bourdaloue. Qu'il apprenne donc ce qui convient pour entrer dans les professions civiles et non ce qui suffit pour être dans le sacerdoce. » D'autres donneront d'autres raisons : personne ne voudra du programme de Mgr Dupanloup et d'une éducation à la mode de 1630.

## VIII.

Encourons-nous ainsi le reproche de vouloir une éducation utilitaire? En est-ce fait « de la haute éducation intellectuelle en France, » comme le proclame Mgr Dupanloup, si nous osons faire moins de thèmes grecs et de vers latins?

Déflons-nous des mots pompeux. Il est clair que si l'auteur de la lettre épiscopale du 6 octobre entend par *haute éducation intellectuelle* les exercices et compositions, soit en latin, soit en grec, il a droit de jeter un nouveau cri d'alarme. Mais tout le monde ne l'entend pas ainsi. Une éducation, propre à former non-seulement des chrétiens, mais des citoyens, des hommes utiles à leur patrie, selon leurs diverses aptitudes et dans les différents emplois que comportent les besoins de la société, voilà ce qui, aux yeux de bien des personnes, constitue la bonne éducation; et elle sera d'autant plus parfaite, d'autant plus digne de l'approbation des gens de bien, qu'elle sera, par ses moyens d'action, par ses méthodes, par son « fond et sa forme, » mieux appropriée à ce but.

Il ne sera pas hors de propos de rappeler ici l'ordonnance du roi Henri IV sur l'objet qui nous occupe :

« La félicité des royaumes et des peuples, et sur-
« tout d'un Etat chrétien, dépend de la bonne édu-
« cation de la jeunesse, où l'on a pour but de cul-
« tiver, de polir par l'étude des sciences l'esprit
« encore brut des jeunes gens; de les disposer ainsi
« à remplir dignement les différentes places qui leur
« sont destinées, sans quoi ils seraient inutiles à la
« République; enfin de leur apprendre le culte
« religieux et sincère que Dieu exige d'eux, l'atta-
« chement inviolable qu'ils doivent à leurs pères
« et mères et à leur patrie, le respect et l'obéissance
» qu'ils sont obligés de rendre aux princes et aux
« magistrats. » (Traduction de Rollin, p. 23, de l'édition Letronne).

Ces paroles du sage et bon roi, dont un coup funeste interrompit les généreux desseins, méritent d'être méditées: elles renferment tous les principes d'une saine et utile éducation publique. Former le cœur et l'esprit de l'enfant; l'armer de foi, d'honnêteté et de courage pour le combat de la vie; le préparer à servir son pays, selon sa vocation et ses moyens; élever ses sentiments et ennoblir ses pensées par le commerce assidu des grands écrivains, tel est le rôle que Henri IV assigne au véritable instituteur. Ses règlements du 18 septembre 1600, qui sont à proprement parler la charte de fondation de l'Université, furent conformes à ces principes. Sans doute il s'y trouve plus d'une disposition qui serait inadmissible aujourd'hui et qu'explique l'état des mœurs et des connaissances de son temps ; mais il substitua l'étude des modèles à celle des manuels techniques jusque là en usage; il proscrivit les indigestes commentaires et les subtilités scolastiques qui avaient envahi l'enseignement de la philosophie. S'il conserva au latin, qui était alors une véritable langue vivante, la prééminence dont ce titre, joint à ceux de langue classique et de langue de l'Eglise, l'avaient naturellement investi, cependant il consolida et fortifia dans les colléges de l'Université l'étude de la langue grecque ; il ordonna que, par des examens périodiques, on s'assurât de la bonne tenue des classes et des progrès des élèves; enfin, il améliora la condition des régents qui, logés et nourris au collége, eurent en outre des honoraires allant jusqu'à six écus d'or par an. Une chose à remarquer d'ailleurs, c'est que dans tous ces réglements, composés de 310 articles, il n'est pas question de la langue française, idiôme alors inconnu dans les colléges.

Malgré cette grave lacune, rendons justice aux efforts du bon roi Henri : il a fait tout ce qui était possible en son temps. Mais j'imagine qu'il était loin de prévoir qu'en l'an 1872 son règlement de l'an 1600 serait encore invoqué comme le dernier mot de « la haute éducation intellectuelle » dans le royaume de France. Je présume que, s'il revenait de nos jours, il s'empresserait de retirer la défense faite par son règlement aux élèves et aux maîtres de parler dans le collége une autre langue que le latin; qu'il ne bornerait plus les mathématiques à quelques livres d'Euclide et qu'il n'emprisonnerait plus la philosophie dans les topiques ou les catégories d'Aristote. Il supprimerait probablement les *disputationes* des basses classes, les compositions en épigrammes, en odes, en élégies latines des classes supérieures. Il voudrait que la jeunesse du XIX$^{e}$ siècle reçut une éducation appropriée à ce siècle, aux idées et aux devoirs de la société moderne ; il se garderait bien d'enjoindre à ses directeurs et professeurs de colléges de « conserver le fond, la forme et « les méthodes d'enseignement » d'il y a deux siècles. Mgr d'Orléans, il est vrai, le prescrit en propres termes à ses supérieurs de séminaires dans sa lettre du 6 octobre dernier; mais ce serait, il me semble, faire en quelque sorte injure aux sentiments d'un prélat aussi savant et aussi vraiment Français que d'admettre dans la plénitude de leur sens les termes de sa lettre. L'intention de l'illustre académicien ne peut être de nous ramener au XVIe siècle. Je recule, pour ma part, devant une conséquence aussi irrévérentieuse et j'aime mieux supposer qu'il faut s'affranchir ici du sens littéral, ce qui est toujours un moyen commode de sortir d'embarras.

« Conservez, aura voulu dire Mgr Dupanloup, le fonds classique de l'ancienne éducation, c'est-à-dire le grec et le latin; mais sachez en même temps tenir compte des exigences de la société actuelle. Je n'ai pas besoin de vous dire, Messieurs, que la langue française et les chefs-d'œuvre de notre littérature, que la physique et les mathématiques, que la géographie moderne, les langues vivantes, l'histoire, doivent aussi entrer dans le cadre de votre enseignement. C'est ainsi que vous mériterez les bénédictions, etc. » — Tel est, selon moi, le sens intime et caché de la lettre de l'éminent évêque, et j'aime à croire que cette respectueuse interprétation ne serait pas désavouée par lui-même. L'opinion que nous prenons la liberté d'attribuer à Mgr d'Orléans est d'ailleurs partagée par beaucoup de bons esprits.— Unissez, nous dit-on sans cesse, les exercices de l'ancienne éducation aux études nouvelles que le progrès des temps impose à la jeunesse; faites des hommes et non des bacheliers, c'est-à-dire des hommes utiles et non des bacheliers bourrés de grec et de latin, des citoyens de leur pays et non des citoyens de Rome et d'Athènes. Apprenez-leur les langues de l'antiquité, mais aussi le français, l'allemand ou l'anglais, la géographie et l'histoire, la géométrie et les autres sciences exactes. Qu'ils aient fait leurs humanités, mais qu'ils puissent entrer à Saint-Cyr ou dans le commerce. Le dessin, le chant, la gymnastique, les notions d'agriculture et de législation usuelle, la science religieuse et la morale, la tenue des livres et la comptabilité, les exercices militaires même ne sauraient leur être étrangers.

N'est-ce pas là en résumé ce qu'on nous demande ? Mais comment satisfaire à tant d'exigences ? Comment faire entrer toutes ces études indispensables dans le cadre de l'organisation scolaire.

Cela me fait souvenir d'un charmant tableau (d'Hogarth, si je ne me trompe). Un brave campagnard se présente dans son atelier : — Monsieur le peintre, je voudrais vous commander mon portrait. — C'est très-bien, mon ami, j'y consens. — Je veux être représenté dans mon justaucorps de velours brun à boutons d'argent, quand je vais à l'église de Highgate le dimanche, donnant le bras à mistress Vilmot, mon épouse chérie.— Cela se peut.— Je veux voir à côté de moi mes garçons John et Harris, ma fille Alice et notre vieille servante Tomkins tenant par la main mon petit William.— Cela se peut encore : ce sera un tableau de famille.— Je veux aussi me voir dans ma maison, vidant une bonne pinte d'ale avec mon brave voisin Murray, pendant que mon fermier Noll vient me rendre compte des travaux de la journée ; il faudra montrer le troupeau qui rentre à l'étable et, sur la colline de Drummond-House, le digne ministre Pearson, qui se hâte pour venir à la veillée nous nourrir de la parole de Dieu. On entendra dans le lointain la diligence de Hammersmith, avec ses deux grands chevaux noirs, entrant avec fracas dans la grande rue pavée.— Mais, excellent Monsieur, vous me demandez l'impossible ! — Oh ! soyez tranquille, Monsieur le peintre, je ne regarderai pas au prix ; vous prendrez un cadre plus grand. Je désire seulement être vu aussi à table dans mon grand fauteuil à clous dorés, et entouré de ma famille, avec mon bon chien Black, qui s'élance joyeusement à l'entrée de maître Dominie, qui vient rejoindre le digne vicaire.— Honnête Monsieur, vous voulez rire sans doute.—Allons, allons, je sais que vous êtes un habile homme; d'ailleurs, s'il faut aller jusqu'à trois écus, hé bien! vous les aurez, et j'aime mieux avoir affaire à vous qu'à votre confrère Jenkins, quoiqu'il ait fait une bien belle enseigne à Drury-Lane, le forgeron. Ainsi, c'est chose convenue, et si mon cousin Wilson-Pate, ou ma très-excellente sœur Kennedy viennent me voir, il y aura bien encore place pour eux dans votre peinture.

Semblable est le problème que l'on pose à l'Université; ne rien retrancher et toujours ajouter. Que l'on ajoute donc aussi des heures à la journée et des années à la jeunesse, sans quoi, quel moyen d'en sortir?

Déjà, sous Rollin, la difficulté commençait à se faire sentir. « Je ne parle point, dit-il, de l'histoire « de France : je ne crois pas qu'il soit possible de « trouver du temps, pendant le cours des classes, « pour s'appliquer à cette étude. Mais je suis bien « éloigné de la regarder comme indifférente : il faut « tâcher au moins d'en inspirer le goût aux jeunes « gens, en leur citant de temps en temps quelques « traits qui leur fassent naître l'envie d'étudier cette « histoire, quand ils en auront le loisir. » (Traité des études, t. 3, p. 12 de l'édition Letronne.) A la fin de son traité, il ne peut s'empêcher de se demander lui-même comment on fera pour suffire à tout ce qu'il a jugé nécessaire, et il s'en tire tant bien que mal en disant qu'il n'y aura qu'à « bien économiser le temps. » (T. 4, p. 402.) Et pourtant que de sujets d'études n'existaient pas alors, qui aujourd'hui ont acquis une nécessité imprescriptible. Le grec était comme inconnu aux écoliers du temps de Rollin; le français ne l'était guère moins et, quant aux sciences, elles étaient dans un état d'enfance qui réduisait de beaucoup le temps à leur donner. La difficulté est donc devenue bien plus grande depuis cette époque, et elle a été comprise par tous ceux qui ont eu à diriger l'instruction publique en France.

## IX

L'un des moyens principaux de la résoudre était de ne pas donner à tous les jeunes gens cette éducation savante et complète, de la réserver pour les mieux doués, pour ceux qui pouvaient être appelés aux fonctions savantes de la société, telles que le sacerdoce, la médecine, la magistrature, le professorat, et de constituer, au dessous de ce degré supérieur, une éducation, forte encore, mais restreinte aux connaissances nécessaires à la majorité des citoyens dans leurs diverses professions. Au dessous enfin de ces deux degrés d'enseignement secondaire, se plaçait l'enseignement du 1er degré ou primaire.

Ce plan fut celui de la Constituante, et il faut dire qu'il avait déjà été entrevu par Richelieu, qui sentant le vice d'un système d'éducation uniforme pour toutes les aptitudes et pour toutes les carrières sociales, avait eu la pensée aussi d'établir deux degrés d'enseignement classique, afin de ne laisser arriver au degré supérieur de cet enseignement que ceux qui en étaient capables et qui en avaient besoin. « Trois années d'études, disait-il dans son *Testament politique,* suffiront pour beaucoup de jeunes gens, ensuite de quoi les bons seront envoyés aux grandes villes et réussiront d'autant mieux qu'ils auront le génie plus propre aux lettres et qu'ils seront instruits de meilleure main. » De même, la Constituante, dont Talleyrand fut en cette occasion le rapporteur, établissait, au dessus de l'enseignement primaire, des collèges *de district* où les études correspondaient à peu près à ce que nous appelons aujourd'hui l'enseignement secondaire spécial ou professionnel (langue française, compositions françaises, notions élémentaires des langues anciennes, morale et législation, langues vivantes, histoire, mathématiques et physique, à quoi s'ajoutaient les exercices du corps, tels que natation, escrime, équitation et même la danse). Au dessus des collèges de district, venaient les collèges *de département*, qui, avec une instruction plus élevée et plus complète, préparaient aux professions savantes, parmi lesquelles il est à noter que Talleyrand comprenait l'armée.

Après la Constituante, dont le projet de décret en 208 articles ne put recevoir d'exécution, la Législative reprit la question de l'enseignement public et voulut établir aussi différents degrés d'enseignement, proportionnés aux besoins des diverses conditions sociales. D'après ce plan, qui fut présenté par Condorcet, il y avait trois degrés d'instruction secondaire. Le premier correspondait à ce que notre loi de 1833 avait établi sous le nom d'*écoles primaires supérieures,* institution malheureusement détruite par la loi de 1850 ; les villes atteignant une population d'au moins 4,000 âmes étaient tenues d'avoir un établissement de ce degré. Le second degré correspondait à ce que l'on désigne aujourd'hui sous le titre d'enseignement secondaire spécial ou *professionnel;* il y avait 224 établissements de ce genre et ils se distinguaient des écoles supérieures en ce que, outre les connaissances générales nécessaires à tout citoyen, quelque profession qu'il ait en vue, on y recevait aussi l'instruction spéciale qui convenait à telles ou telles professions désignées, comme l'agriculture, les arts mécaniques, les emplois ordinaires du commerce ou de l'administration. Enfin venait le troisième degré, qui correspondait à nos lycées et où l'enseignement embrassait toutes les matières jugées utiles pour l'exercice des professions savantes. La Convention fit table rase et, laissant à l'industrie privée, sous la surveillance des autorités municipales, le soin de distribuer l'instruction élémentaire et moyenne, elle se contenta de décréter, pour chaque département, une école centrale où n'entraient que les élèves âgés d'au moins douze ans, pour y recevoir le complément d'instruction qui devait les rendre aptes aux professions les plus élevées de la société. (Loi du 25 octobre 1795).

Dans tous ces essais il s'agissait constamment, on le voit, de donner à la majorité des citoyens une instruction générale, en se bornant aux études que réclament la plupart des carrières, et de réserver l'éducation classique complète pour ceux qui avaient le temps, les moyens et le goût de s'y livrer.

Le gouvernement consulaire eut aussi un système de triage, mais qui fut tout autre. Il voulut établir, non plus des degrés successifs d'enseignement, mais des enseignements parallèles. Tous les élèves indistinctement devaient, jusqu'à la quatrième ou tout au moins jusqu'à la cinquième, apprendre les principes de la langue latine, l'arithmétique, l'orthographe, les premiers éléments d'histoire ancienne et de géographie, un peu d'histoire naturelle ; après quoi, ils se bifurquaient en deux sections, l'une pour les lettres, l'autre pour les sciences, pour ne plus se rejoindre que dans la classe de philosophie, qui était commune à l'une et à l'autre section. (Arrêté des consuls du 22 mars 1800, et loi du 1er mai 1802).

Ce système de bifurcation, dont l'essai, renouvelé en 1852, a été si peu heureux, fut totalement bouleversé en 1809. (Statut du 19 septembre). Bonaparte, devenu empereur, s'empressait de restaurer l'ancien régime à son profit, sans prévoir que cet ancien régime dût un jour le supprimer lui-même comme une nouveauté gênante. En fait d'éducation publique, il ne trouva rien de mieux que de revenir au vieux système des anciens collèges et d'imposer le latin à tout le monde. Seulement il y ajouta tout ce que le progrès du temps avait amené d'études nouvelles, le français, le grec, la chimie, la physique, l'algèbre, l'histoire moderne, l'optique, l'astronomie, la philosophie moderne, la géographie, les langues vivantes.

A ceux qui critiquaient ce plan il fit répondre : « Quant aux études, ceux qui en disent tant de mal « peuvent-ils donc ignorer que la méthode adoptée « pour les lycées se rapproche beaucoup de celle « que suivait avec tant de succès l'Université de « Paris pour l'enseignement des langues anciennes ? « Aux avantages qu'offrait l'Université pour l'étude « des langues, les lycées réunissent ce qu'elle laissait à désirer sous le rapport du dessin, des langues modernes, de la géographie, de l'histoire, et « surtout des sciences mathématiques et physiques. » Le défenseur officiel, prévoyant l'objection qu'on peut lui adresser, se hâte d'ajouter : « Une « sage distribution du temps, l'emploi de bonnes « méthodes et, avant tout, le zèle et la capacité des « maîtres, fournissent aux élèves les moyens de « s'occuper, pendant le cours de leurs études, de ces « diverses branches des connaissances. »

La Restauration eut au moins le mérite, il faut l'avouer, de simplifier notablement ce système. Avec elle, le retour au passé fut franc et complet. On fit bien quelque part à la langue française, dont il était difficile de récuser l'existence, mais il ne fut plus question de lire et d'étudier Pascal, Bossuet, Fénelon, Massillon même, qui parurent avoir des opinions trop avancées. Descartes fut banni par Aristote. Les mathématiques ne commencèrent plus qu'en philosophie (arrêté du 30 septembre 1815). L'histoire fut abolie. De cette façon, il est certain que le temps ne manquait pas pour la versification latine et pour dicter des versions grecques.

« Les bases de l'éducation des colléges, disait l'ordonnance du 27 février 1821, sont la religion, la monarchie, la légitimité et la charte. » En conséquence, le cours de philosophie dut se faire « exclusivement en latin »; 195 membres de l'Université furent destitués; les archevêques et évêques eurent toute licence d'établir des maisons d'éducation qui ne relevaient que d'eux-mêmes et dont les élèves étaient admis au baccalauréat sans payer de droits d'examen ou de diplôme (ordonnance royale du 5 octobre 1814); l'école normale cessa d'exister; 19 facultés des lettres et des sciences furent supprimées; les évêques eurent droit d'inspection sur les colléges et M. l'abbé Frayssinous, évêque d'Hermopolis, devenu grand-maître de l'Université, déclara dans ses circulaires (17 juin et 12 juillet 1822) que son intention était, avant tout, de « *prémunir la* « *jeunesse contre l'abus des lumières et des talents*. »

Quelques hommes de mérite réagissaient timidement contre ce système. Royer-Collard parvint à faire rétablir une sorte d'enseignement historique; Cuvier obtint que les thèmes latins, donnés en 3e et en 4e seraient « relatifs aux éléments des sciences « naturelles » (statut de 1821). Néanmoins le système se maintenait, il avait de l'unité et il allait droit à son but, sans déviation, sans faiblesse. Continuons, « disait le grand-maître, de marcher d'un pas « ferme vers une véritable *régénération*; il n'est pas « d'obstacle qu'on ne puisse vaincre avec du bon « sens et du caractère » (circulaires des 14 et 29 avril 1824). La cloche remplaça partout le tambour; l'uniforme des élèves les rappela à la modestie; le timide enseignement historique essayé en 1818 par Royer-Collard, fut jugé encore trop dangereux, on le supprima dans les classes supérieures et, dans les autres, on le réduisit à de simples résumés chronologiques à apprendre par cœur ; on établit la narration latine en seconde ; on introduisit le thème grec en 5e et en 4e ; les ecclésiastiques sans titre furent appelés à la direction des colléges universitaires, les jésuites fondèrent un grand nombre d'établissements libres de toute surveillance, les institutions laïques furent soumises au contraire à une surveillance des plus rigoureuses et nul ne peut avoir le diplôme de chef de pension sans l'agrément de l'évêque, qui seul en outre avait la haute main sur toutes les écoles primaires et sur les instituteurs. (Statut de 1814, arrêtés du 12 octobre 1815, du 13 mars 1824, du 12 mars 1827).

Ce système était-il le meilleur ? Je m'abstiendrai de tout jugement à ce sujet. Car si d'un côté j'apprécie fort les avantages d'une société unie dans la même foi religieuse et politique, paternellement gouvernée par les évêques, fidèle à la tradition, à l'autorité du passé, aux anciens usages ; et si en même temps ma prédilection personnelle me porte surtout vers les études grecques et latines, d'un autre côté, je ne puis méconnaître ni les tendances de l'esprit moderne, entièrement opposées à cet état de choses, ni le démenti donné par les faits à l'idéal d'ancien régime dont j'aime à caresser l'image, ou, si l'on veut, le rêve.

Ce qu'il est permis tout au moins d'affirmer, ce me semble, c'est que les hommes, les gouvernants qui voulaient établir, sous la Restauration, cet ordre de choses et l'éducation qui y correspond, étaient sincères et croyaient sérieusement travailler à la félicité de la nation en lui préparant une jeunesse imbue du passé, guérie de l'esprit de nouveauté, et formée aux sentiments à la fois élevés et calmes par l'étude assidue de l'incomparable littérature grecque et latine, « *edita doctrina sapientum templa serena.* »

Quoi qu'il en soit, la tentative ne réussit point ; la

société française ne voulut pas suivre ses gouvernants dans cette voie : on parla d'aspirations, de progrès, de liberté. Ces idées envahirent les esprits et, comme l'éducation publique est toujours faite à l'image des opinions dominantes, on en modifia bientôt le système, qui perdit ainsi son unité.

Dès 1826, on avait rétabli l'enseignement des sciences dans les quatre dernières années du cours d'études : la géométrie, l'algèbre, la trigonométrie, la statique vinrent coudoyer le grec et le latin, paisibles possesseurs, et leur disputer le temps des écoliers. L'histoire naturelle, fatiguée de n'exister qu'en thèmes latins, s'empara de la matinée du jeudi, du jeudi qui avait le privilége séculaire de ne pas être un jour de classe et qui dès lors le perdit. La physique, la chimie, la minéralogie, réclamèrent leur place : il n'y en avait plus ; on créa, pour les satisfaire, une deuxième année de philosophie qui leur fut livrée presque sans partage. L'histoire se plaignait toujours d'être opprimée : le temps de la revanche n'était pas venu pour elle, mais il approchait.

Le mouvement *libéral* de 1828 éclata ; le ministère Martignac succéda au ministère Villèle, et ses premiers actes furent de remettre en vigueur la loi qui défend aux jésuites d'enseigner, d'arracher l'instruction primaire aux évêques, de restreindre les priviléges des colléges ecclésiastiques, de restaurer l'enseignement de la philosophie, de fortifier celui des sciences mathématiques, physiques et naturelles, d'améliorer la condition des professeurs, enfin d'organiser un sérieux enseignement de l'histoire. Des ordonnances royales pourvurent à tous ces objets. Une ordonnance du 26 mars 1829 introduisit même dans les classes l'étude des langues vivantes et autorisa, dans certains établissements, la formation d'une section spéciale d'élèves qui, laissant de côté le latin et le grec, recevraient une éducation adaptée aux besoins des professions industrielles.

L'ancien système si simple, n'existait donc plus ; les programmes des collèges devenaient une encyclopédie de toutes les connaissances humaines ; on ajoutait toujours, on ne retranchait jamais. On sentit toutefois qu'on allait à l'impossible. Comment amonceler tant de matières diverses dans la tête d'un enfant ? Comment trouver le temps de parcourir tant de routes en tous sens ? On se tira d'embarras en nommant une commission, moyen excellent de ne rien résoudre et de tout compliquer. Cette commission eut pour mandat de chercher à simplifier les méthodes, de trouver des procédés pour apprendre beaucoup en peu de temps, pour « augmenter la force d'attention » des enfants, pour les surcharger, en un mot, sans qu'ils s'en aperçussent.

Le rapport de la dite commission, instituée par M. de Vatisménil, est encore à venir.

Après 1830 et l'avénement du *libéralisme,* on n'eut garde, bien entendu, de revenir à l'ancien régime d'éducation : tout au contraire. La langue latine fut destituée de son prix d'honneur en philosophie, et cet avantage passa à la dissertation française, (arrêté du 11 septembre 1830) ; l'histoire empiéta de plus en plus sur les études classiques ; la cosmographie se fit aussi sa part ; on entendit aux distributions solennelles de fin d'année, proclamer des prix jusqu'alors inconnus ; le tambour remplaça la vénérable cloche. A partir de 1833, toutes les classes eurent leur annexe scientifique, même la sixième ; le jeudi, jadis consacré aux beaux grands devoirs classiques, fut envahi par la géographie, par la physique et chimie, par les langues vivantes, le dessin, etc. ; en 1835, les sciences mathématiques eurent aussi leur *prix d'honneur.* « Améliorer sans dé-
« truire, fortifier à la fois et varier l'éducation, telle
« fut la tâche que se proposait M. Guizot, et qu'il
« voulut réaliser par une organisation d'enseigne-

« ment qui assurât en même temps le perfectionnement des études classiques, et l'extension *illimitée* des connaissances utiles. » (Circulaire du 17 Octobre 1832). Excellent projet, si on eût pu donner quinze ans au lieu de huit, aux études de collége ! A défaut d'une *extension illimitée* de l'âge scolaire, on avait déjà, nous l'avons vu, cherché des procédés pour « augmenter la force d'attention » des enfants : ces procédés n'étaient pas faciles à trouver ; on y pourvut du mieux possible en fortifiant la discipline, en resserrant les vacances, en excitant l'émulation par toute sorte de moyens, et même par la dispense du service militaire. Surtout on remania indéfiniment les programmes, pour trouver le meilleur agencement de tant d'objets d'étude souvent disparates. Depuis le commencement de ce siècle, on compte dix-neuf changements ou bouleversements dans les programmes des classes.

Voici, par exemple, les vicissitudes d'un élève de cinquième sous ces régimes successifs :

En 1800, les quatre premières règles de l'arithmétique, l'orthographe, les principes de la langue latine ; en 1803, le latin avec l'*Epitome*, le *De Viris*, *Phèdre* et les *Mœurs des Israëlites*, sans aucun mélange des mathématiques, dont l'étude était attribuée exclusivement à une autre section d'élèves ; en 1809, le français, le latin, l'histoire sainte, la mythologie et un tant soit peu de grec, (étude alors nouvelle). En 1814, sous la 1re Restauration, il continua le latin, commença le grec et eut, en outre, des notions de chronologie, d'histoire ancienne, de géographie comparée. En 1821, il eut une classe d'instruction religieuse ; il s'éleva, en latin, jusqu'aux lettres familières de Cicéron ; en grec jusqu'à Esope ; il eut des leçons d'histoire ancienne, d'arithmétique, d'écriture, et fit des thèmes latins sur les antiquités grecques et romaines. En 1826, on réduisit ses leçons d'histoire à des dictées chronologiques qu'il était tenu d'apprendre par cœur ; en 1829, ces dictées furent supprimées. L'élève de cinquième n'eut plus du tout d'enseignement historique, mais il eut trois leçons de langues vivantes ; en 1830 (statut du 3 avril) on lui rendit l'histoire ancienne, mais on lui ôta l'arithmétique, et les langues vivantes furent déclarées *facultatives*.

En 1833, on lui ajouta deux classes d'histoire naturelle, que l'on retrancha aux langues anciennes, et on lui mit des cours de langues vivantes à la place de l'étude de 11 heures à midi ; les programmes d'histoire et de géographie furent *modifiés*, c'est-à-dire bien plus chargés.

En 1837, on lui rendit une classe de latin ; l'histoire naturelle (Cuvier n'était plus là), fut reléguée au jeudi.— En 1838, l'étude d'une langue vivante devint *obligatoire* depuis la cinquième inclusivement pour tous les élèves, mais on la laissa en dehors du temps ordinaire des classes. D'un autre côté, le *chant* fut rendu également obligatoire, jusqu'à la 5e inclusivement, et cette fois, on ne se contenta pas du jeudi matin, on prit encore le dimanche matin pour ce nouveau cours.

En 1839, M. Villemain introduisit l'explication des textes français, en 5e comme ailleurs. C'était excellent, mais cela prit encore beaucoup de temps, qu'il fallut butiner un peu partout sur les autres matières qui n'étaient pas l'objet des prédilections du jour.

En 1840, M. Cousin supprima d'un trait de plume tout l'enseignement scientifique des classes depuis la 5e jusqu'à la rhétorique. On regagna ainsi un bon nombre d'heures pour l'enseignement classique : la 5e eut sa part dans la récolte. On en profita pour introduire les élèves de cette classe dans le jardin des racines grecques, précédemment réservé à ceux de 4e, et on les poussa jusqu'à Xénophon.

Cependant la réforme de M. Cousin n'ayant pu se soutenir, on revint en partie à l'ancien ordre de choses et, de réformes en réformes, on arriva à 1848 qui remit tout en question, puis à 1852 qui nous amena la fameuse bifurcation, système d'ailleurs beaucoup moins nouveau et peut-être aussi moins abominable qu'on ne l'a proclamé.

Aujourd'hui, un élève de 5e reçoit des leçons de grec, de latin, de français, de langues vivantes, d'instruction religieuse, d'histoire et de géographie, de gymnastique, de musique, d'écriture, d'arithmétique et de dessin, Il a 19 classes ou cours par semaine et 9 professeurs.

## X.

Ainsi, nous voilà loin du temps où il n'y avait pour chaque classe qu'un seul professeur, qui, maître souverain et unique de *ses* élèves, imposant et grave dans sa toge, faisait alterner indéfiniment le thème et la version, l'Enéide et la prosodie, délassait ses écoliers d'une amplification latine par une pièce de vers latins ou d'un chapitre de grammaire latine par un chapitre de grammaire grecque. Alors on faisait paisiblement réciter dans chaque classe de bonnes grandes leçons; on ne marchandait pas le temps aux dictées de versions grecques; on passait innocemment des heures entières à expliquer dix vers de Virgile, à y découvrir des métonymies, des obsécrations, des litotes, des catachrèses. Le jour où on découvrait une prosopopée était un jour solennel.

Mais c'est surtout quand l'écolier arrivait en rhétorique, c'est à ce point culminant des études que tous les trésors de l'éloquence et de la poésie étaient étalés devant lui. Le genre démonstratif, le délibératif, le judiciaire, le style simple, le style tempéré, le style sublime lui étaient dévoilés; les lieux communs tant intrinsèques qu'extrinsèques lui devenaient familiers et, quelque discours qu'il eût ensuite à composer, il avait à sa disposition le *quis, quid, ubi, quibus auxiliis, cur, quomodo, quando*, véritable sésame qui lui ouvrait infailliblement les portes du sujet. Que de pures jouissances lui étaient réservées! Que de secrets lui étaient découverts! Ainsi, qu'un renard ne se hasarde pas sur un ruisseau mal gelé, cela parait au premier abord une chose très-simple; mais le rhétoricien apprenait avec plaisir que le renard, en cette occasion, n'avait fait qu'obéir à l'argument appelé *sorite*. Lui-même, en aimant les belles-lettres, cédait à la force de l'*épichérème*.

Tantôt il admirait la *synecdoche* par laquelle Virgile montre Neptune élevant son front calme *(placidum caput)* sur les eaux, ou l'*hypotypose* de la mère d'Euryale à la nouvelle de la mort de son fils; il se formait à discerner une sentence d'un *épiphonème*; il étudiait les lois de l'exorde *ex abrupto*; il apprenait, par les savants préceptes empruntés à l'art profond des anciens rhéteurs, qu'une narration était bonne, quand elle était claire, vraisemblable, pas trop longue, et intéressante.

Tantôt il appliquait ces règles à ses propres compositions, soit qu'il fallût développer en périodes éloquentes le « viens les prendre » de Léonidas, ou mettre dans la bouche des femmes Cimbres, après la défaite, un beau discours à Marius, pour lui annoncer qu'elles ne survivront pas à leurs maris; soit qu'on lui eût donné à polir une *chrie verbale*, (v. Aphton. Progym. c. III), à orner un *encomium* de saint Jean-Baptiste (ibid. VIII), à lancer les foudres d'une énergique *vitupération* contre Phalaris ou contre Julien l'Apostat (ibid. IX), c'est alors qu'il lui était utile d'avoir appris l'éthopée, la dubitation, l'astéisme, la prolepse et surtout de savoir, comme un habile tacticien, ou condenser les preuves dans l'*ordre homérique* d'un invincible carré, ou les disposer par échelons successifs avec les plus fortes à l'arrière-garde, comme un rempart inexpugnable.

A l'élève de seconde étaient, du reste, dévolus aussi des exercices d'un genre moins élevé, il est vrai, mais qui n'en étaient pas moins très-efficaces pour lui former l'esprit et le cœur. Ainsi Aphtonius, dont le manuel a été longtemps le code de l'enseignement dans les classes d'humanités, propose à ce jeune novice de l'éloquence, avant de lui faire aborder le grand œuvre du discours latin « *ante quam ad magnum illud declamationum opus perducatur*, » quatorze espèces d'exercices préparatoires, qu'il appelle « *opera minora*. » La fable était le premier. On commençait par exposer la fable toute nue; par exemple le *Rat de ville et le Rat des champs*, en neuf lignes; puis on la « dilatait. » Il y avait une première dilatation, une seconde plus ornée, une troisième encore plus ornée et ainsi de suite : la petite fable finissait par devenir un vaste monument. Aphthonius donne de nombreux modèles de ce genre d'exercice qui faisait, paraît-il, les délices de nos arrière-grands-pères. Le couronnement de l'œuvre, l'exercice qui conférait sans doute le *prix d'excellence*, c'est le *Coq et la Perle* en 19 variations brièvement énoncées « *nuda narratio* » et en 9 autres variations ornées « *stylo floridiori* ». Ce coq et cette perle, dans leur variation finale et suprême, n'occupent pas moins de neuf fortes pages équivalant à plus de quinze pages in-octavo de l'Histoire de la révolution française par M. Thiers (1).

Ceux qui demandent le rétablissement de l'ancien système d'enseignement feraient bien de nous dire

---

(1) Voir Aphtonii progymnasmata, editio nova accurante M. S. Gauchio, Lipsiæ, sumpt. G. H. Frommanni, anno MDCLXXXIV.

au juste ce qu'ils entendent par cet ancien système; car s'il faut revenir à Aphtonius dont les méthodes prévalaient précisément à l'époque où Bossuet, Fénelon, etc., étaient au collége, véritablement cela est dur. Faudra-t-il aussi revenir aux châtiments alors usités, déchirer un enfant à coups de fouet pour quelques leçons mal récitées, employer les verges pour dompter son humeur? Cela faisait partie aussi de l'ancien système, et saint Louis, étant enfant, fut maintes fois, disent les historiens de ce prince, battu par ses régents. Rollin, le bon Rollin même, ose à peine demander, cinq siècles après saint Louis, que l'on ne batte pas trop souvent les écoliers. Il ose à peine insinuer (t. IV, p. 269, éd. Letronne) que les verges dont parle l'Ecriture désignent peut-être la punition en général et que l'expression ne doit pas être prise à la lettre. En ce point, comme en tous les autres, ce sage instituteur a vu les réformes à opérer et a donné les meilleures raisons pour les justifier; mais il est timide, il craint de choquer la coutume, de paraître novateur: il recule devant les conséquences de son bon sens.

L'aristocratie anglaise a maintenu en grande partie dans ses colléges l'ancien système d'éducation (y compris le fouet). Mais ces écoles d'Eton, de Westminster, de Saint-Paul, où l'on paie 5,000 fr. de pension, et où sont élevés de jeunes nobles destinés à la vie politique ou oisive, ne sauraient être assimilées à nos lycées qui doivent préparer des sujets pour toutes les carrières. Le moment approche d'ailleurs, où la pédantesque Angleterre elle-même aura renoncé à ces vieilles coutumes, comme au sac de laine sur lequel s'assied le président de la chambre des communes et à la vaste perruque dont s'affuble le grand chancelier. « Il est fâcheux, disaient naguère les commissaires de la reine, que ces jeunes gens sortent du collége, ne sachant presque rien de l'histoire ou de la géographie de leur propre pays, à peine en état de faire une simple opération d'arithmétique, tout à fait étrangers aux lois qui gouvernent le monde et à sa structure, etc. » (V. Lavisse, de l'éducation, p. 12).

En Allemagne, pendant de longs siècles et même encore au XVII<sup>e</sup>, le *trivium*, qui se composait du latin, de la dialectique et de la rhétorique, fut seul enseigné dans les collèges. Ecrire et parler en latin était le principal but des études classiques. Mais le cours du temps ayant amené de nouveaux besoins, le régime scolaire fut peu à peu modifié. Les mathémathiques, l'histoire et la géographie, les sciences naturelles, la langue nationale, la technologie, etc., firent partie des connaissances jugées nécessaires à la jeunesse. Cependant on ne tarda pas à s'apercevoir que ce programme était trop chargé, et les Allemands qui, malgré leur réputation d'esprit nuageux, sont un peuple pratique, avisèrent à trouver un remède à cet encombrement.

Ils en trouvèrent un qui est fort simple, ce fut d'avoir deux sortes d'établissements secondaires, les uns pour le latin, le grec et les mathématiques, les autres pour les mathématiques, les sciences naturelles, les langues vivantes. D'un côté, les gymnases et progymnases (lycées et collèges) ; de l'autre les écoles pratiques ou *Real-Schulen*, qui correspondent à notre enseignement secondaire spécial, mais avec une organisation beaucoup plus forte. Ils n'annexèrent pas les *Real-Schulen* aux gymnases, mais en firent des établissements distincts, ou la durée des études est la même que dans les gymnases, et où ne sont admis que les enfants déjà pourvus de l'instruction primaire.

Dans la Prusse notamment ce système a produit de bons résultats. On y comptait, il y a quelques années, 173 gymnases ou progymnases, et 86 écoles pratiques. Nous ne comprenons pas dans ces nombres les établissements libres, qui rentrent plus ou moins dans ces deux catégories, mais qui sont d'ailleurs très-rares, les élèves ecclésiastiques eux-mêmes suivant les cours ordinaires des gymnases.

Un fait remarquable, c'est que dans les gymnases, pas plus que dans les écoles pratiques, la philosophie ne fait l'objet d'un enseignement régulier : elle ne figure aucunement sur les programmes de l'enseignement secondaire soit classique soit industriel, et se trouve ainsi réservée à l'enseignement supérieur des Universités (ou Facultés), mesure qui me paraît se recommander à l'attention de nos gouvernants. On gagne de cette façon une année pour les autres études et on a en même temps l'avantage d'épargner à l'adolescence des problèmes généralement au-dessus de la portée de cet âge.

On se fera, au reste, une idée exacte de l'organisation scolaire des gymnases et des *Real-Schulen*, par le tableau suivant qui présente la répartition des heures de classe pour un élève de seconde dans ces deux établissements. Je place en regard la même répartition pour un élève de seconde de nos lycées.

| | Gymnase allemand. | Real-Schule. (Berlin) | Lycée français. |
|---|---|---|---|
| Religion ...... par semaine | 2 heures... | 2 heures... | 1 h. de classe. |
| Latin ............ / Langue maternelle... / Grec ............ | 18 ....... | 3 langue mat^lle seulement | 13 — |
| Langues vivantes.... | 2 ....... | 7 ....... | 2 — |
| Histoire et Géographie.. | 3 ....... | 4 ....... | 3 — |
| Mathématiques ....... | 4 ....... | 7 ....... | 3 — |
| Histoire nat., physique. | 1 ....... | 7 ....... | 2 — |
| Dessin............ | facultatif ..... | 4 ....... | 1 — |
| Total..... | 30 | 34 | 25 |

Il y a, en outre, des leçons consacrées au chant et à la gymnastique.

Je ne puis établir de comparaison entre notre *enseignement secondaire spécial*, annexe bâtarde de nos lycées, et l'enseignement secondaire pratique des Allemands, qui a sa vie propre, ses huit années d'études, ses *certificats de maturité*, ses privilèges publics, tout comme l'enseignement classique. Je dois dire seulement que notre enseignement spécial, bien que borné à quatre années d'étude, a des programmes beaucoup plus chargés que la *Reale-Schule*.

## XI

De l'exposé qui précède, il résulte que le système d'enseignement public, en tous pays, suit le cours des siècles et se modifie avec le temps. Ce serait don singulièrement outrer l'esprit conservateur que de vouloir, chez nous, le ramener à trois siècles en arrière. Maintenir ce qui a été n'est pas toujours le meilleur. Quand Dieu créa le monde, raconte un publiciste jovial, les conservateurs d'alors lui dirent : Prenez garde, vous allez détruire le chaos.

Sans doute si nous étions sûrs que le régime scolaire d'il y a 250 ans pût nous donner une moisson de Bossuets, de Fénelons, etc., ce serait à considérer. Mais les grands hommes sont un don de Dieu, plutôt qu'un produit de l'éducation, « *nascuntur, non fiunt.* » Combien d'autres grands hommes ou illustres écrivains ne pourrait-on pas citer, qui étaient bien peu forts en latin et en grec ?

Si l'on était sûr au moins que l'ancien système d'éducation, sans nous donner de nouveaux Bossuet, de nouveaux Bourdaloue, etc., pût maintenir intacte l'intégrité des mœurs, éteindre les mauvaises passions, procurer à notre société tourmentée l'âge d'or de la félicité publique, cela vaudrait aussi la peine d'y regarder. Mais qui ne sait que de tout temps on a élevé des plaintes contre la corruption sociale? Nestor gourmandait et plaignait, au XIIe siècle avant Jésus-Christ, les générations qui n'avaient pas vu, comme lui, les héros d'autrefois. « Peu d'enfants, dit Minerve elle-même dans l'Odyssée (B. 276), sont semblables à leur père : la plupart sont pires, et rarement ils valent leurs ancêtres. » Plus tard, au siècle de Périclès, la Grèce entière, en ses assemblées olympiques, acclamait ses poëtes, quand ils accusaient la décadence de la race humaine. A l'époque où Rome républicaine grandissait par les mâles vertus de ses citoyens, et où l'Orient tout entier retentissait encore du grand nom d'Alexandre, Aratus (IIIe siècle avant J.-C. *Phenom.* 123) disait : « A l'âge d'or de nos pères a succédé une génération corrompue, que remplacera une génération pire encore. » Cependant arrive le beau siècle d'Auguste ; cela n'empêche pas Horace de répéter :

Nos pères n'avaient plus ces vertus des vieux âges,
Orgueil du siècle d'or;
Et bientôt leur enfants, race plus criminelle,
Légueront à la terre une race nouvelle
Plus vicieuse encor. (1)

Après la société païenne, vint la société chrétienne : les mêmes plaintes se reproduisent. Elles éclatent en plein dix-septième siècle ; elles se prolongent dans le siècle suivant. Cette « haute éducation intellectuelle qui avait donné à l'Église et à la France les Fénelon, les Massillon, » etc., n'avait point, paraît-il, remédié à la corruption publique. « Notre siècle, dit Massillon, voit des horreurs que

---

(1) *Ætas parentum, pejor avis, tulit*
*Nos nequiores, mox daturos*
*Progeniem vitiosiorem.* (Od. III, 6).

La traduction de M. Anquetil, en vers, est la meilleure que je connaisse. Elle rend parfaitement le mouvement du rythme : c'est l'œuvre d'un profond latiniste et d'un vrai poëte.

« nos pères ne connaissaient même pas. La ville est « une Ninive pécheresse; la cour est le centre de « toutes les passions humaines, et la vertu, auto- « risée par l'exemple du souverain, honorée de sa « bienveillance, animée par ses bienfaits, y rend le « crime plus circonspect, mais ne l'y rend peut-être « pas plus rare. Tous les états, toutes les conditions « ont corrompu leurs voies. Le sel même de la terre « s'est affadi, les lampes de Jacob se sont éteintes « et le prêtre est devenu semblable au peuple. »

Rollin n'est pas plus rassurant. Dans un discours solennel prononcé au nom de l'Université de Paris, il s'exprima ainsi: « Par quel art, Messieurs, pou- « vons-nous espérer de conduire sûrement la jeu- « nesse, et de la retenir loin du précipice, dans des « temps surtout où les mœurs de nos pères tombent « et disparaissent avec la rapidité d'un torrent qui « entraîne tout dans sa chute. » Ailleurs (*Traité des Etudes, III*, 15), il dit: « Que n'y a-t-il point à crain- « dre pour la jeunesse, dans un temps où les vices « sont passés en usage, et où la cupidité s'efforce « d'éteindre tout sentiment d'honneur et de pro- « bité ! »

Ces citations pourraient être multipliées à l'infini, mais celles que j'ai énoncées suffisent pour nous faire dire avec un ancien: « Nos aïeux se sont plaints, nous nous plaignons, nos descendants se plaindront de la corruption des mœurs, du triomphe de la perversité, de la décadence et des crimes de la race humaine. *Hoc majores nostri questi sunt, hoc nos querimur, hoc posteri nostri querentur, eversos esse mores, regnare nequitiam, in deterius res humanas et in omne nefas labi.* » (SENECA, *de Benef.* I, 19).

Ne nous flattons donc pas de ramener, par le plus ou moins grand nombre d'exercices latins ou de thèmes grecs, un âge d'or qui n'a jamais existé. Croyons que nous aurons bien mérité des familles, plutôt en leur offrant un enseignement où la tradition ancienne n'exclut pas les nécessités modernes, qu'en nous confinant dans l'étroite observance d'un régime fait pour un autre temps et pour un autre état de société.

## XII

Faisons observer d'ailleurs aux partisans trop exclusifs de l'ancien régime que bien des innovations successives se sont produites, même aux époques reculées dont ils ne cessent d'invoquer le souvenir. Le grec n'a pas toujours figuré dans les programmes de nos écoles: c'est Grégoire Typhernas, on le sait, qui l'enseigna le premier à Paris en 1458; et après cet essai, le grec resta encore très-longtemps presque inconnu. Rollin s'en plaint en plus d'un endroit (v. *Traité*, II, p. 8, 232, etc.) Malherbe ne savait pas le grec, et son ami Racan ne savait ni grec ni latin. Bossuet, génie universel, s'était nourri de la lecture d'Homère, de Platon, de Démosthène; mais Massillon n'y entendait rien. On ne voit même pas que Bossuet, dans sa lettre sur l'éducation du dauphin, attache une grande importance à la langue grecque. Le XVIIIe siècle l'ignorait. Le règlement scolaire, rendu en exécution de la loi du 1er Mai 1802, ne comprend pas encore le grec dans les études des colléges. Ce fut vers cette époque seulement que cette langue commença à être remise en honneur par J.-B. Gail, qui toutefois ne l'entendait guère. Après Gail vint Burnouf, et le grec, dans l'Université moderne, a pris une grande importance.

La versification latine ne fut introduite dans les exercices scolaires qu'en 1452, sous Charles VII, et en vertu d'un statut du cardinal d'Estouteville ; mais elle fut florissante, il faut le dire, pendant toute la durée de l'ancien régime. Rollin y tenait, malgré la mésaventure que lui attira, de la part des Jésuites, son *Santolius pœnitens,* pièce d'ailleurs assez médiocre. Boileau s'y essaya encore une fois dans l'âge mûr; mais il ne put aller, paraît-il, au-delà de onze vers, qui nous ont été conservés. En les lisant, on croirait qu'il ne les a composés que pour se moquer de cet exercice; en voici les trois derniers :

Sic Maro, sic Flaccus, sic nostro sæpe Tibullus
Carmine disjecti, vano pueriliter ore
Bullatas nugas sese stupuere loquentes.

Le pauvre Virgile, en effet, en a vu de dures, et cela bien avant Boileau, comme après. Le centon, qui n'est qu'un pillage plus ou moins habile, est nécessairement le fonds du vers latin moderne : ce n'est plus de l'imitation, c'est de la marqueterie. Avouons toutefois que bon nombre d'esprits ingénieux ont su tirer parti de ce genre de composition, tout factice qu'il est. Les jésuites surtout ont élevé une sorte de Parnasse moderne, en regard de l'ancien : le Père Cossart, le Père Crinitus, le Père Commire, le Père Doissin, les Pères Mambrun, Le Brun, Ducerceau, (qui chanta la *Défaite du Solécisme*), Masenius, Victorius, Barclaius, Savastanus, et surtout les Pères Rapin, La Rue, Vanière, Desbillons, surent faire résonner d'accords nouveaux la lyre de Virgile et d'Horace. La muse antique s'étonna de célébrer les vertus du café, les parfums du thé, la saveur pétillante du champagne, le bouquet pénétrant du bourgogne. Le canal du Languedoc franchit en majestueux hexamètres l'espace qui sépare les deux mers ; les eaux de Saint-Cloud bondirent en strophes alcaïques. Avec les Harpyes de Virgile et quelques autres bribes savantes empruntées à la description de l'Etna, ou à celle des Enfers, on obtint une *Tentation de saint Antoine.* Ces mêmes enfers, combinés avec l'horrible festin de Polyphème, donnèrent le *comte Ugolin*. Que n'a-t-on pas trouvé moyen de faire chanter au cygne de Mantoue, depuis l'Alchymie, la Machine électrique, la Gazette.

« Gazetam dixère homines. . . . »

jusqu'aux Prussiens campant au Luxembourg et jusqu'à la révolution de Juillet.

« Quum regia late »
« Civibus immeritis mortem tormenta tulerunt ! »

La première chaire de mathématiques fut fondée par Mazarin, au collège des Quatre-Nations ; le régent toutefois n'eût que 600 livres, tandis que les deux régents de philosophie, les deux régents de rhétorique avaient chacun 1,000 livres, et les deux régents d'humanités chacun 800 livres de traitement.

François Ier, prince d'un esprit vaste et puissant, osa rompre en visière à des coutumes surannées et se déclarer pour la langue française contre l'usage abusif du latin. « Nous voulons d'ores-en-avant, dit ce roi dans « son ordonnance de 1539, que tous arrêts, ensemble « toutes autres procédures, soit de nos cours souve- « raines ou autres subalternes et inférieures, soient « prononcez, enregistrez et délivrez aux parties en « language maternel françois, et non autrement. » De lui, datent la première grammaire française et le premier dictionnaire français-latin. C'est à lui que fut dédié le livre de *l'Institution chrétienne*, le premier ouvrage de ce genre qui ait paru en français (1535); Jacques Amyot lui dédia aussi, en 1546, les heureux essais par lesquels il préludait à son incomparable Plutarque français. Le latin cependant tint bon dans les collèges, grâce à la force du préjugé. Il faut arriver jusqu'à Port-Royal pour trouver un enseignement sérieux du français. Rollin (avec toute sorte de ménagements, il est vrai, alla jusqu'à demander que l'on parlât français dans les classes, du moins concurremment avec le latin (voir son chap. III, section III du livre II). Il allégua que les enfants avaient de la peine à s'exprimer en latin, que cela gênait leur pensée, que plus tard, dans le monde, ils auraient à parler français et non latin. « Enfin, ajoutait-il, nous « est-il permis de négliger absolument le soin de « notre langue, dont nous devons faire usage tous « les jours et de donner toute notre application à « des langues mortes et étrangères ? » (livre VIII, 2e partie, chap. II, art. II, § I.) Il aurait trouvé bon également (liv. V, I, I) que, sans négliger Athènes et Rome, on sût trouver dans notre propre langue des modèles d'éloquence à proposer aux écoliers.

Nous n'avons plus à prouver, grâce au ciel, que l'étude du français est nécessaire ; mais enfin ce fut autrefois une nouveauté et cela fit question. Dans une *gratulation* publique à l'illustre et très-magnifique recteur Wittement, qui venait d'être adjoint par Louis XIV à l'éducation des princes, Rollin félicite ce haut dignitaire académique d'avoir prononcé devant le roi une harangue en français. « Vous avez « ainsi, lui dit-il (en latin), réfuté le reproche qui « nous est si souvent adressé de négliger notre « propre langue et d'être, au sein de notre patrie, « comme des hôtes et des étrangers : *nos clamori ac « pulveri scholarum assuetos ad nihil aliud valere « amplius, latinique et græci sermonis incondita su- « pellectili oneratos, linguæ autem vernaculæ inopes « ac rudes, in patria velut hospites esse ac peregrinos.* » (T. 29, p. 339 éd. Letronne). Le bon Rollin sentait d'ailleurs que lui-même, pour avoir été élevé trop exclusivement dans le latin, se trouvait un peu embarrassé dans le français (v. son disc. prél. page 83, éd. Let.) Il avait tellement cultivé la période cicéronnienne qu'il ne pouvait plus faire de phrases courtes. Il l'avouait avec sa modestie ordinaire : « Je serai attentif à ne point trop allonger les phrases, » répond-il à une observation de M. Desforges sur son Histoire ancienne. (Lettres de Rollin, t. 29 p. 147, Letronne).

Longtemps encore, néanmoins, le français fut considéré comme le serviteur du latin : on étudiait La Fontaine pour mieux comprendre Phèdre; l'histoire de Charles XII pour comparer ce prince à l'Alexandre de Quinte-Curce; les révolutions romaines de Vertot, et la Conjuration de Venise, par Saint-Réal, pour les rapprocher de Tite-Live et de Salluste; les odes de Rousseau et les lettres de M^me^ de Sévigné en vue de l'explication des odes d'Horace et des lettres de Pline-le-Jeune. Télémaque fut une initiation à l'Odyssée, de même que les fables de Fénelon étaient un apprentissage de la mythologie. On fit de la grammaire française une introduction à la grammaire latine; en conséquence on y introdusit des déclinaisons, des régimes, des longues et des brèves, des règles d'accord, des comparatifs et des superlatifs; on décida qu'il y avait quatre conjugaisons en français, parce qu'il y en a quatre en latin, et on assimila le plus possible le paradigme. Les temps durent dériver les uns des autres, comme en latin : ainsi, pour obtenir *nous aimons*, première personne (plurielle) du présent de l'indicatif, il suffisait de changer *ant* en *ons* dans *aimant*, participe présent du verbe aimer; de même dans *amo*, première personne (singulier) du présent de l'indicatif, changez *o* en *ans*; et vous avez le participe présent *amans*. (Lhomond, formation des temps). Le latin a des verbes passifs : il fallut que le français en eût. On ne put parvenir toutefois à trouver des verbes déponents.

La grammaire française, calquée ainsi sur la grammaire latine, devint un véritable dédale, où les exceptions étouffaient les règles et où le caractère propre de l'idiôme national fut complètement sacrifié au désir d'assimiler deux mécanismes grammaticaux très-différents l'un de l'autre (1).

---

(1) La plupart des grammairiens postérieurs à Lhomond semblent

Malgré tout, le français prit pied dans le cycle des études classiques, et il faut convenir que ce fut une innovation fort utile.

Toutes ces nouveautés ne s'introduisirent pas sans difficulté. Quand, au XII^e siècle, l'étude des textes latins remplaça l'ancien *trivium* de Charlemagne et la scholastique du moyen-âge, les partisans du passé goûtèrent peu cette innovation. Ils rappelèrent qu'un pape (saint Grégoire) avait défendu de lire les auteurs païens; ils plaidèrent pour l'astrologie déjà menacée. Quand parut le grec au XVI^e siècle, ce fut bien autre chose; un moine de cette époque, raconte M. Kilian, s'éleva en chaire contre cette nouveauté : « On vient, disait-il, de trouver une nouvelle langue qu'on nomme *grecque*; il faut s'en garantir, car elle enfante toutes les hérésies. » Quand, au XVI^e siècle, on réduisit de cinq ans à deux ans la durée du cours de philosophie, la faculté de théologie réclama fortement et parvint à faire ajourner la réforme. Vers le même temps (1562), Ramus demanda que les prébendes des moines servissent à payer les professeurs, et voulut substituer à l'ancienne sophistique une philosophie utile et sérieuse ; on profita de la Saint-Barthélemy (1572) pour l'égorger, et ses projets périrent avec lui.

---

s'être fait un devoir d'augmenter encore les inextricables difficultés résultant de ce vice originel. Ils multiplient, comme à plaisir, les règles les plus minutieuses et les plus bizarres. J'ouvris dernièrement, au hasard, la grammaire syntaxique de M. Guerrier de Haupt; je tombai sur la page 170, et, en haut de la page, voici ce que je lus : « 384.— « On doit éviter de répéter le pronom conjonctif au commencement « d'une proposition subordonnée qui dépend d'une autre commençant « elle-même par le pronom conjonctif, en donnant à l'un et à l'autre « pronom le même antécédent. Ainsi l'on dira : c'est un négociant « que je crois riche, et non que je crois qui est riche. » Franchement, l'usage, la lecture, la conversation ne sont-ils pas la meilleure grammaire?

Au XVII^e^ siècle, Port-Royal et Rollin, novateurs aussi, furent persécutés.

Pourtant, une chose n'est pas nécessairement bonne parce qu'elle est ancienne, ni nécessairement mauvaise parce qu'elle est nouvelle. Il faut se garder d'un entichement irréfléchi. Contre quelle nouveauté n'a-t-on pas réclamé? Quand on commença à construire des chemins de fer, il y eut des gens qui eurent assez d'esprit pour se moquer de cette invention. Je me rappelle avoir entendu vers 1838 M. Saint-Marc-Girardin, dans son cours, s'écrier de sa voix de fausset : Eh ! que m'importe à moi qu'un sot de Paris puisse en quelques heures se rendre près d'un sot de Berlin ! — J'aime à croire que M. Saint-Marc-Girardin a changé d'avis sur ce point et que, s'il tient encore à bien des vieilles choses, il ne tient plus guère à la restauration des diligences et des coucous.

Cette opposition, au reste, n'a pas empêché les chemins de fer de marcher, pas plus que bien d'autres choses. Marchons donc aussi avec notre siècle : rien n'est stationnaire ; l'immobilité, pour tous les êtres, c'est la mort. L'éducation publique doit réunir et fondre ensemble deux éléments qui ne sont pas, quoi qu'on en dise, incompatibles : l'esprit de tradition, et l'esprit de progrès. C'est à opérer cette fusion nécessaire que doivent tendre tous nos efforts. Pourquoi l'éducation a-t-elle tant varié dans notre pays, dans ce dernier demi-siècle surtout ? C'est que les deux éléments dont il s'agit sont en lutte là comme ailleurs. Il est très-malheureux que le clergé ne soit plus élevé avec les laïques, ainsi que cela avait lieu au XVII^e^ siècle : il en résulte une opposition d'idées qui est fâcheuse et funeste. Il est très-malheureux que, sous le nom de liberté, on ait établi dans l'enseignement deux camps adverses. D'Aguesseau regardait l'unité d'enseignement comme une condition essentielle de l'unité nationale. En 1762 le parlement de Grenoble déclarait également que c'était là un *principe d'ordre public* et une *maxime d'état* dont il ne fallait pas se départir.

L'édit de 1768 fut rendu dans cette vue, et les cahiers des Etats-Généraux, en 1789, renouvelèrent le même vœu. Dans les cahiers qu'il présenta, le Clergé demandait « qu'aucune maison d'éducation ne pût « être établie que conformément aux lois du royaume « et dans la juste dépendance prescrite par ces lois, « que tous les instituteurs fussent tenus de se con- « former à un plan uniforme approuvé par les Etats- « Généraux. » La noblesse réclamait aussi « un « plan d'éducation nationale à l'usage de toutes les « classes de la société. »

# CONCLUSION.

Cessons de nous disputer sur quelques réformes partielles et indispensables. Qu'il y ait un peu plus, un peu moins d'exercices latins ou grecs, là n'est pas la vraie question. Ce qui est en cause, c'est la direction générale de l'éducation; le clergé se défie de l'Université; l'Université, toujours attaquée, prend des sentiments hostiles : voilà le mal. Et cette lutte, au fond n'est que la lutte de l'esprit catholique contre l'esprit laïque, de la foi religieuse contre la raison humaine, de l'autorité dogmatique contre la liberté de conscience : choses différentes, à la vérité, mais, à mon avis, non inconciliables.

Une si désirable conciliation ne peut, je l'avoue, être l'œuvre de la violence et de l'emportement. La hauteur et l'arrogance, tout en se parant volontiers du titre d'indignation, n'en sont pas moins de mauvais moyens de persuader et de pacifier. C'est pourquoi je désapprouve la lettre si durement *sécessioniste* de Mgr Dupanloup : une question de méthode scolaire ne méritait pas un tel courroux.

En résumé, que demande le ministre de l'instruction publique et des cultes?

Que les langues vivantes soient sérieusement enseignées, et cela dès la 8e et la 7e, où la moitié du temps à peu près leur sera consacré.

Que l'étude de la géographie soit fortifiée;

Que l'enseignement scientifique ne soit pas amoindri;

Que pour l'étude des langues anciennes, étude

maintenue d'ailleurs dans toutes les classes, on adopte les modifications suivantes :

— Apprendre la grammaire par l'explication raisonnée des textes, et non par la récitation d'interminables traités didactiques souvent défectueux; — Id. pour la prosodie.

— Restreindre le nombre des leçons de mémoire.

— Réduire de moitié le nombre des devoirs écrits (dictées, corrigés, préparations écrites, rédactions, discours et dissertations, versions), notamment des thèmes de règles, et en général des thèmes latins qui devront disparaître dès la fin de la 5e.

— Supprimer le vers latin.

— S'attacher surtout à l'explication des textes et aux exercices de vive voix. Laisser de côté les recueils factices *(Excerpta, conciones, selectæ)* et surtout les ouvrages en latin moderne, pour recourir aux monuments originaux, dont on expliquera des passages appropriés à la force des élèves, tout en ne négligeant pas la connaissance de l'ensemble. S'habituer peu à peu à une rapide intelligence des auteurs classiques, à une lecture suivie d'analyses et de rapprochements utiles. S'abstenir d'un usage trop prolongé du mot-à-mot; ne pas s'enfermer dans l'explication minutieuse de quelques lignes d'un auteur, donner plus de lageur à l'interprétation des textes.

Il demande aussi :

Que des exercices et des compositions en français soient introduits dans toutes les classes et que les élèves cessent d'être étrangers à l'étude historique de notre langue et de notre littérature. Qu'on favorise chez eux, au lieu de le comprimer, le goût de la lecture, et que pour cela on sache utiliser les bibliothèques de quartier. Le compte-rendu des lectures sera un intéressant complément des exercices de la classe. Des prix de langue et de littérature françaises seront établies à partir de la 4e et viendront immédiatement après les prix d'examen trimestriels. Les compositions de rhétorique cesseront d'être le plus souvent des discours.

Il y aura à la fin de chaque trimestre un examen portant sur l'explication des auteurs grecs, latins, français, et les résultats de ces quatre examens donneront lieu à des prix qui seront décernés immédiatement après le prix d'excellence.

Il y a lieu d'examiner si les concours généraux sont réellement utiles.

Les examens de passage d'une classe à l'autre seront faits avec toute la sévérité nécessaire.

Ces prescriptions et ces avis sont accompagnés de recommandations relatives à l'éducation physique de l'enfant (gymnastique, exercices militaires, équitation, escrime, natation, promenades, hygiène), et le tout est mis sous la sauvegarde des professeurs eux-mêmes, auxquels est attribué le droit de se réunir en conseil délibérant, droit qui n'était pas inconnu à l'ancienne Université et qu'il était sage de rétablir.

Tel est l'ensemble des mesures qui résultent de la circulaire ministérielle du 27 septembre 1872. C'est à peine si on peut les appeler des réformes, tant elles sont mitigées et prudentes. Le ministre a résisté au désir de refondre d'un seul coup et en une fois le système de l'enseignement secondaire : il a bien fait, et Mgr Dupanloup devrait lui en savoir gré. S'il eût supprimé non-seulement le vers latin, mais encore le discours latin, la narration latine et même le grec (inconnu au XVIIe siècle); s'il eût en outre reporté à l'enseignement supérieur soit des Facultés qui manquent de vie, soit des grandes écoles spéciales, une bonne partie du programme d'histoire et de philosophie ainsi que les hautes études scientifiques, je verrais là des réformes hardies, peut-être nécessaires, et, en tout cas, « des *modifications radicales* » contre lesquelles je comprendrais que

Mgr Dupanloup tonnât ; mais, en vérité, pour quelques vers latins de moins, ce n'était pas la peine de lancer la foudre.

Ch. HANRIOT,
*Docteur ès-lettres, Agrégé de l'Université.*



Troyes, 19 Décembre 1872.

www.ingramcontent.com/pod-product-compliance
Ingram Content Group UK Ltd.
Pitfield, Milton Keynes, MK11 3LW, UK
UKHW020204200726
13856UKWH00003B/1192

9 782013 563192